oekom

Erle C. Ellis

ANTHROPOZÄN

Das Zeitalter des Menschen – eine Einführung

Aus dem Englischen
von Gabriele Gockel

Klimaneutral
Verlag
ClimatePartner.com/53585-1805-1001

Bibliografische Information der Deutschen Nationalbibliothek:
Die Deutsche Nationalbibliothek verzeichnet
diese Publikation in der Deutschen Nationalbibliografie;
detaillierte bibliografische Daten sind im Internet
über http://dnb.d-nb.de abrufbar.

Originalausgabe: »Anthropocene. A Very Short Introduction«
was originally published in English in 2018. This translation
is published by arrangement with Oxford University Press.
oekom verlag is solely responsible for this translation from
the original work and Oxford University Press shall have no liability
for any errors, omissions or inaccuracies or ambiguities in such
translation or for any losses caused by reliance thereon.

Gesellschaft für ökologische Kommunikation mbH
Waltherstraße 29, 80337 München

Layout und Satz: Reihs Satzstudio, Lohmar
Lektorat: Christoph Hirsch, oekom verlag
Korrektorat: Maike Specht, Berlin
Coverabbildung: © Liyao Xie, Getty Images
Covergestaltung: Jorge Schmidt, München
Druck: GGP Media GmbH

Printed in Germany
ISBN 978-3-96238-177-6

FSC
www.fsc.org
MIX
Papier aus verantwortungsvollen Quellen
FSC® C014496

Inhalt

Vorwort

Die Geschichte neu zu schreiben ist ein ehrgeiziges Vorhaben. Umso mehr, wenn es um den ganzen Planeten geht und ein völlig neuer Hauptdarsteller auftritt. Aber genau darum geht es in diesem Buch.

Die neu geschriebene Geschichte Ihres Planeten und Ihrer Rolle darin enthält ein zusätzliches Kapitel, ein Kapitel, in dem Sie eine führende Rolle spielen. Wir Menschen, der Anthropos, haben die Mechanismen der Erde so weitgehend verändert, dass Wissenschaftler inzwischen fordern, diese Tatsache mit der Einführung einer neuen geologischen Ära anzuerkennen: des Anthropozän. Das Ansinnen, eine Intervallzeit zu definieren, in der der Mensch zu einer »großen Naturkraft« geworden ist, hat in der gesamten Wissenschaftswelt und darüber hinaus großes Aufsehen erregt.

Was aus dem Anthropozän als Begriff und geologischem Zeitalter wird, ist unsicher. Die wissenschaftliche Debatte kreist immer noch um die verschiedenen Vorschläge, ein »Zeitalter der Menschen« zu definieren, wobei auch durchaus möglich ist, dass die Einführung eines Anthropozän gänzlich verworfen wird.

Als Arbeit in einem längeren Prozess kann ein Buch nicht das letzte Wort darüber sprechen, was das Anthropozän ist oder wird. Ich verfolge ein schlichteres Ziel und möchte meinen Lesern lediglich den Hintergrund liefern, um das Anthropozän als wissenschaftliche Hypothese zu verstehen, und erklären, warum diese Hypothese eine so weitreichende Wirkung entfaltet hat. Ich hoffe, dass Sie dabei im selben Maße angeregt werden wie ich, Dinge bewusster wahrzunehmen und aktiver für eine bessere Zukunft für das »Menschenzeitalter« einzutreten.

KAPITEL 1

Ursprünge

»Wir befinden uns im Anthropozän!«, rief der Nobelpreisträger und Meteorologe Paul Crutzen, dessen Forschungsschwerpunkt die Atmosphärenchemie war, bei einer Konferenz im Jahr 2000 frustriert aus. Warum bezeichneten seine Kollegen unsere Zeit immer noch als Holozän? Die Menschheit hatte seit dem Ende der letzten Eiszeit und dem Beginn des Holozäns die Erde doch so deutlich sichtbar umgestaltet. Von diesem Augenblick an gewann der Vorschlag, die gegenwärtige geologische Zwischenzeit nach uns, dem Anthropos, umzubenennen – und die Kritik daran –, enorm an Schwung, sowohl in akademischen Kreisen als auch außerhalb davon.

Warum erfuhr ein solch esoterischer geologischer Begriff so rasch allgemeine Aufmerksamkeit, wurde zum Zankapfel wissenschaftlicher Debatten und zugleich weltweit so populär? Um dies zu verstehen, ist es hilfreich, den Blick jenseits der Wissenschaft auf die Ursprungsgeschichten zu richten, die von Beginn der Zeiten an in allen menschlichen Gesellschaften erzählt wurden.

Von prähistorischer Zeit bis heute wurde die Rolle des Menschen in der Natur – als Erhalter, Partner, Verwalter, Gärtner oder Zerstörer – immer wieder durch Narrative definiert, die sein Auftauchen auf der Erde erklärten. In den abrahamitischen Religionen wiesen die Ursprungsgeschichten dem Menschen einen privilegierten Platz in der Mitte der göttlichen Schöpfung zu. Kopernikus und Darwin schufen neue Narrative auf der Grundlage wissenschaftlicher Erkenntnisse; bei ihnen wurde der Mensch zu einem Tier unter anderen auf einem Planeten unter anderen, der um einen gewöhnlichen Stern unter anderen kreiste.

Das Anthropozän als neues Zeitalter verlangt eine noch umfassendere Veränderung unserer Perspektive. Da Geologen und andere über die verschiedenen Vorschläge streiten, das Anthropozän zu definieren, dürfte es nicht überraschen, dass sich auch uralte Auffassungen und zeitgenössische Debatten über die Rolle des Menschen in der Natur daruntermischen, ja sogar darüber, was es überhaupt bedeutet, Mensch zu sein.

Eine große Naturkraft

Crutzens Ausbruch wurzelte in seinen Erfahrungen bei der Erforschung menschengemachter Veränderungen in der Erdatmosphäre und ihrer tief greifenden weltweiten Folgen: des Lochs in der schützenden Ozonschicht und des globalen Klimawandels. Zu hören, wie seine Kollegen über den gegenwärtigen Zustand der Erde sprachen, ohne diese enormen anthropogenen Eingriffe mit einzubeziehen, war für ihn unerträglich. Es war an der Zeit zu akzeptieren, dass mit dem relativ stabilen Zustand des Holozäns Schluss war.

Crutzen stand mit dieser Ansicht nicht alleine. Der Ökologe Eugene Stoermer hatte den Begriff »Anthropozän« seit den 1980er-Jahren bereits informell gegenüber Studenten und Kollegen verwendet. 2000 veröffentlichten die beiden eine kurze

Meldung in einem wissenschaftlichen Mitteilungsblatt, in dem der Begriff erstmals formell und schwarz auf weiß genannt wurde – auch wenn Andy Revkin, Autor der *New York Times*, schon 1992 in seinem Buch über den Klimawandel vom »Anthrozän« gesprochen hatte. In jener ersten Meldung stellten Crutzen und Stoermer einen Zusammenhang zwischen dem Anthropozän und Kohlendioxidemissionen aus der Verbrennung fossiler Energieträger her, die mit Beginn der industriellen Revolution in zunehmendem Maße in die Atmosphäre gelangten. Damit knüpften sie an eine lange Reihe früherer Arbeiten an, in denen anthropogene Umweltveränderungen beschrieben worden waren. Mit Crutzens Vorschlag liefen diese vielen Fäden schließlich in der These zusammen, das Auftauchen des Menschen sei eine »große Naturkraft« in der dokumentierten Geschichte der Erde.

Eine neue Geschichtsschreibung

Inzwischen liegt eine überwältigende Zahl von Beweisen dafür vor, dass der Mensch die Erde in nie da gewesener Weise verändert hat: der globale Klimawandel, versauernde Meere, Veränderungen in den Kohlenstoff- und Stickstoff- sowie anderen Kreisläufen, die Zerstörung von Wäldern und anderen natürlichen Habitaten zugunsten von Farmen und Städten, eine weitverbreitete Luftverschmutzung, radioaktiver Fallout, die Ansammlung von Plastik, veränderte Flussläufe, ein massives Artensterben, der Transport und die Einführung von Arten in fremde Länder. Dies sind nur einige der vielen verschiedenen globalen Umweltveränderungen, die der Mensch verursacht hat und die höchstwahrscheinlich bleibende Spuren im Gestein hinterlassen werden: die Grundlage für die Markierung neuer Intervalle in der geologischen Zeit.

Bei einer derart überwältigenden Beweislage scheint der Vorschlag, das Anthropozän als ein neues Intervall geologischer Zeit, als anthropozäne Epoche, anzuerkennen, außer Frage zu stehen. Doch das Gegenteil ist der Fall. Der Begriff »Anthropozän« ist selbst unter Erdwissenschaftlern nach wie vor höchst umstritten. Es kommt zu einem hitzigen Streit darüber, ob es genügend wissenschaftliche Belege gebe, eine solch vergleichsweise kurze und junge Epoche zu definieren, während andere darüber streiten, wie es zeitlich zu verorten ist oder wie man es am besten nachweisen kann. Vorschläge, wann das Anthropozän beginnt, reichen von der erstmaligen Beherrschung des Feuers über das Aufkommen der Landwirtschaft vor über 10.000 Jahren bis hin zum Jahr des höchsten atomaren Fallouts 1964. Unterstützt werden diese Hypothesen etwa von Gasblasen in Eiskernen und der weitverbreiteten Ablagerung von Ruß und Radionukliden sowie Pollen von domestiziertem Mais in Sedimentkernen auf der ganzen Welt. Und damit habe ich die vielen Auseinandersetzungen, die durch die Anthropozän-Hypothese ausgelöst wurden, nur oberflächlich gestreift.

Der Vorschlag, unsere Epoche als »das Zeitalter des Menschen« zu bezeichnen, ist jenseits der Erdwissenschaften womöglich noch durchschlagender und führt zu intensiven Debatten, anhaltenden Diskussionen und transformativen neuen Forschungsvorhaben in einem breiten Spektrum von Disziplinen, von der Philosophie und Archäologie über die Anthropologie, Geographie, Geschichte, die Ingenieurs- und Umweltwissenschaften, die Gestaltungslehre, die Rechtswissenschaft, die Künste bis hin zur Politikwissenschaft. Die Anthropozän-

Debatte ist sogar in die Medien und den gesamten öffentlichen Bereich übergeschwappt, sei es in der Klatschpresse oder in der Unterhaltungsmusik. Bedeutet das Zeitalter des Menschen das Ende der Natur? Wer ist für das Anthropozän verantwortlich? Der *Homo sapiens*? Die ersten Bauern? Reiche Konsumenten des Industriezeitalters? Und ist das Anthropozän notwendigerweise eine Katastrophe – eine Umweltkatastrophe, das Ende der Menschheit –, oder könnte es ein gutes Anthropozän geben, in dem Mensch und Natur gemeinsam in die Tiefe der Zukunft hineinwachsen?

Die vielen hitzigen Debatten um das Anthropozän machen deutlich, dass weitaus mehr auf dem Spiel steht als nur die Einführung eines neuen geologischen Intervalls. Die Bedeutung des Anthropozän liegt in seiner Funktion als einer Art neuen Brille, durch die uralte Narrative und philosophische Fragen gesehen werden, sodass sie umgeschrieben werden müssen. Es ist sowohl ein neues Narrativ über das Verhältnis von Mensch und Natur als auch ein kühnes neues Wissenschaftsparadigma – eine »Zweite Kopernikanische Revolution« –, das möglicherweise unsere Auffassung vom Menschsein verändert.

Ursprungsgeschichten

Menschliche Gesellschaften haben stets ihre Ursprünge, ihre Beziehungen zur Welt und zu ihren vielen Akteuren – von Tieren und Pflanzen bis hin zu eher mystischen Wesen und Kräften – mithilfe von Narrativen zu erklären versucht. Für die alten Griechen tauchte die Erde in Gestalt der Göttin Gaia aus der Leere auf und gebar alles Leben und die Vorfahren ihrer vielen Götter und Göttinnen von Athene bis Zeus. Die sterblichen Vorfahren der Griechen betreten erst die Bühne, nachdem mehrere frühere Menschengeschlechter geschaffen, von den Göttern als mangelhaft betrachtet und vernichtet worden sind. Nach einer anderen Ursprungsgeschichte erschafft Prometheus Menschen aus Lehm und ermöglicht ihnen eine Weiterentwicklung, indem er ihnen das von den Göttern gestohlene Feuer schenkt. Die Botschaft ist klar. Die Erde erschafft und ernährt als Gaia die gesamte Natur, zu der auch die stets miteinander ringenden Kräfte der Götter gehören. Menschen besetzen nur einen Nebenschauplatz in der Mythologie des alten Griechenland, glücklich, überhaupt zu existieren, und nur dank Prometheus' Geschenk in der Lage zu leben. Wie wir noch sehen werden, spielen Gaia und Prometheus eine Schlüsselrolle in den Ursprungsgeschichten des Anthropozän.

In der ersten Erzählung der jüdischen Genesis erschafft ein einziger allmächtiger Gott den Kosmos, die Erde und die Menschen in einer systematischen Reihenfolge. In der zweiten wird zuerst der Mann erschaffen, dann die Natur – der Garten Eden – und danach die Frau. Ihr Leben ist sorg- und mühelos, bis sie durch den »Baum der Erkenntnis« verführt werden. Ein zorniger Gott vertreibt sie daraufhin aus dem Paradies und zwingt sie und ihre Nachkommen somit, bis in alle Ewigkeit die Erde zu bestellen, damit sie überleben können. Mit diesem Narrativ erfahren wir, warum sich die Menschen trotz ihrer privilegierten, zentralen Rolle in Gottes Schöpfung mit der Kultivierung der Erde abplagen müssen.

Durch die Handlungslinien, die Kosmos, Erde und Menschen mit allen anderen Akteuren und Kräften, mit denen sie interagieren müssen, verbinden, erzählen uns Ursprungsgeschichten, wer wir sind, woher wir kommen, welche Rolle wir auf der Erde spielen und in welcher Beziehung wir zur übrigen Natur stehen. Ähnlich stellt auch das Anthropozän eine Erzählung über einen Planeten dar, der von Menschen umgestaltet wurde. Doch wie und warum wurden die Menschen zu Gestaltern des Planeten? Das Anthropozän verlangt nach einer Erklärung.

23. Oktober 4004 v. Chr.

Am 23. Oktober 2004 um 18 Uhr stießen Wissenschaftler in der Geological Society of London auf Erzbischof James Ussher von Armagh an. Dem Geistlichen zufolge war der 23. Oktober des Jahres 4004 v. Chr. das exakte Datum der Erschaffung der Welt. Man schrieb das Jahr 1650, als er dieses Datum festlegte, das Universum war also zu diesem Zeitpunkt genau 6.008 Jahre alt. Obwohl die Kenner geologischer Zeiten zweifellos nur juxten, ist es doch vielsagend, dass sie eine derart offensichtlich obsolete Chronologie des Universums feierten. Usshers präzise Angabe wird heute vielleicht belächelt, aber die Absicht ist klar: Er wollte seiner Ursprungsgeschichte mehr Glaubwürdigkeit verleihen.

Schon vor dem Aufkommen der westlichen wissenschaftlichen Methoden wurden genaue Daten wichtiger Ereignisse in der Erd- und Menschheitsgeschichte durch sorgfältige, mit tragfähigen Beweisen unterlegte Analysen ermittelt. Bischof Ussher bediente sich der Bibel für sein chronologisches Narrativ. Familiengeschichten (Jakob zeugte zum Beispiel Joseph) und mit Daten versehene Ereignisse (beispielsweise die Zerstörung des Tempels in Jerusalem) wurden aufwendig kompiliert und kreativ ausgestaltet, um eine genaue Chronologie zu erstellen, die Kosmos, Erde, menschliche Ursprünge und die Geschichte der westlichen Gesellschaft miteinander verwoben. Viele andere Gesellschaften wie die der Maya und der Hindu schufen ebenfalls detaillierte Chronologien, die die Entstehung des Kosmos mit der Menschheitsgeschichte verbanden und teilweise auf akribisch genauen astronomischen Beobachtungen beruhten. Dass so viel Spezialkenntnisse in die Aufstellung detaillierter Chronologien eingingen, bestätigt ihren gesellschaftlichen Nutzen lange vor dem Aufkommen der westlichen Wissenschaft als eine Möglichkeit, den Institutionen und Experten Autorität zu verleihen, die sie geschaffen und gepflegt hatten.

Die zeitgenössische Wissenschaft hat die detaillierteste, genaueste, systematischste und belegbarste Ursprungsgeschichte aller Zeiten hervorgebracht, die Kosmos, Erde, Leben und Menschheitsgeschichte zu einer einzigen, immer detaillierteren und sich ständig verbessernden Chronologie verbindet. Doch bis heute haben viele traditionelle, religiöse wie säkulare Gemeinschaften weiterhin eigene, konkurrierende Ursprungsgeschichten, die in krassem Widerspruch zu den wissenschaftlichen Erkenntnissen stehen und oft beträchtlichem gesellschaftlichen Druck ausgesetzt sind. So gibt es beispielsweise auch solche, die an der Chronologie der »jungen Erde« von Bischof Ussher festhalten.

Der Hauptgrund für diese Haltung dürfte klar sein. Durch die Neudefinition der Rollen und Beziehungen zwischen Menschen, Erde und Kosmos stellt die Ursprungsgeschichte der zeitgenössischen Wissenschaft einige der stärksten traditionellen gesellschaftlichen Überzeugungen infrage. Es gibt keinen Platz für einen allmächtigen Gott oder eine andere mystische Kraft. Menschen spielen keine Rolle im Universum. Und das

Anthropozän – als Erzählung – geht sogar noch weiter, indem es nicht nur gegen jene traditionellen Glaubensüberzeugungen antritt, sondern auch die klassische Ursprungsgeschichte der zeitgenössischen Wissenschaft revidiert. Im Anthropozän erhalten die Menschen wieder eine zentrale Rolle auf der Erde als Gestalter des Planeten.

Die erste kopernikanische Wende

Am 4. Juni 1539 diskutierte Martin Luther mit seinen Schülern über »einen gewissen neuen Astrologen, der beweisen wollte, dass sich die Erde bewegt und nicht der Himmel, die Sonne und der Mond«. Der Astrologe war Nikolaus Kopernikus, und seine heliozentrische Theorie sollte am Ende die Erde aus dem Zentrum des Universums verbannen.

Über Jahrtausende hinweg stand in der einzigen akzeptablen Ursprungsgeschichte der westlichen Welt die Erde im Mittelpunkt und begann mit der Erschaffung durch einen christlichen Gott. Die buchstäbliche Wahrheit der biblischen Schöpfungsgeschichte beruhte auf dieser geozentrischen Sicht. Da überrascht es nicht, dass Versuche, die Erde und die Menschheit aus dem Zentrum des Kosmos zu vertreiben, auf Widerstand stießen. Es dauerte mehr als ein Jahrhundert und bedurfte der Arbeit von Tycho Brahe, Johannes Kepler, Galileo Galilei und schließlich Isaac Newton, bis die kopernikanische Wende ihren Sieg feiern konnte. Aber sie tat es. Ende des 17. Jahrhunderts war die Erde zumindest in der westlichen wissenschaftlichen Intelligenz nicht mehr das Zentrum des Universums, und es kristallisierte sich die Notwendigkeit einer neuen Ursprungsgeschichte für die Erde und den Kosmos heraus.

Zeitschichten

Ein ganzes Jahrhundert nachdem Ussher seine Chronologie veröffentlicht hatte, glaubten Wissenschaftler wie Isaac Newton immer noch, dass die Erde nicht mehr als 6.000 Jahre alt sei. Der Erste, der dies infrage stellte, war der französische Naturforscher Georges-Louis Leclerc, Comte de Buffon (1707–1788), der Ende des 18. Jahrhunderts behauptete, die Erde sei 74.000 Jahre alt. Doch bald schon wurde seine Schätzung verspottet und unter Druck zurückgezogen. Tatsächlich glaubte er selbst, die Erde sei noch älter, möglicherweise sogar Millionen Jahre.

Die wissenschaftliche Grundlage für die Datierung von Intervallen geologischer Zeit entstand mit der Entdeckung, dass man unterschiedliche in Steinen gefundene Streifenmuster von Materialien und Fossilien in ein System horizontaler, aufeinanderliegender Schichten – »Strata« – bringen konnte. Anfang des 19. Jahrhunderts war die Wissenschaft der Stratigraphie etabliert. 1838 veröffentlichte Charles Lyell seine *Elements of Geology* (dt. *Elemente der Geologie*, 2011), in denen er die von anderen identifizierten großen stratigraphischen Schichten aufeinanderfolgenden Zeitintervallen zuordnete; zudem verknüpfte er sie mit Prinzipien ständiger allmählicher Veränderungen, aufgrund derer man die Dauer dieser Intervalle schätzen konnte. So machte er 1867 eine der ersten wissenschaftsbasierten Schätzungen des Erdalters – sie belief sich auf 240 Millionen Jahre. Seine Zeitgenossen wie Lord Kelvin kamen zu ähnlichen Ergebnissen, welche die Vorstellung einer viel jüngeren Erde beendeten und den Weg für eine völlig neue Ursprungsgeschichte für Kosmos, Erde und Menschheit bereiteten.

Der nackte Affe

So wie Geologen die Position der Erde in der kosmischen Ordnung der Zeit einer Revision unterzogen, so überdachten auch Biologen den Ursprung des Lebens und der Menschheit. Ihr zentrales Problem dabei war Zeit – sie benötigten einfach eine Menge davon.

Charles Darwin verfolgte die Entwicklungen in der Geologie genau, vor allem die Arbeit von Lyell, und Lyell betreute Darwin nach dessen Reise auf der *Beagle*. Darwin wurde eingeladen, seine Arbeit der Geological Society of London vorzustellen, und bald in den Vorstand gewählt. Doch sein Interesse bestand vor allem darin zu verstehen, warum »eine Spezies in eine andere übergeht«. 1837 skizzierte er diesen Prozess in Gestalt eines Familienbaums mit Verästelungen. Doch erst 1859 – 20 Jahre später also, die er in der Angst lebte, Alfred Russel Wallace könne ihm zuvorkommen – veröffentlichte er seine Theorie der Evolution durch natürliche Auswahl.

Es mag merkwürdig erscheinen, so lange mit der Veröffentlichung einer der wichtigsten Entdeckungen aller Zeiten zu warten. Aber Darwin hatte gute Gründe dafür. Als religiöser Mensch war er sich durchaus bewusst, dass seine Theorie eine Kontroverse auslösen würde. Die Behauptung, der Ursprung der Arten liege in der Evolution über die Zeit – sie habe also keinen göttlichen Akt verlangt –, ließ sich nicht ohne Weiteres mit der Ursprungsgeschichte der Genesis vereinbaren. Deshalb arbeitete er jahrelang daran, sie zu festigen.

Um seine Evolutionstheorie zu bestätigen, benötigte Darwin drei Dinge: den Beweis, dass Spezies nichts Ewiges waren, sondern immer neue entstanden, was durch die Fossilüberlieferung bestätigt wurde. Dazu bedurfte es eines Anpassungsdrucks und anderer Prozesse, welche den Spezies neue Form gaben. Den geforderten Druck lieferte Malthus' Theorie der begrenzten Ressourcen für das Bevölkerungswachstum – nicht alle Individuen können die Konkurrenz um die begrenzten Mittel überleben. Darwins Studien zur Vermehrung von Tieren und Pflanzen – durch künstliche Selektion – zeigten, dass sich durch selektiven Druck aus Populationen einer einzigen Art verschiedene Rassen, Unterarten und Varietäten herausbilden konnten. Was Darwin aber vor allem brauchte, war Zeit.

Ohne riesige geologische Zeitspannen von Hunderten Millionen Jahren gab es keine Möglichkeit zu erklären, wie sich die unzähligen Spezies der Erde allein durch Selektion entwickelt haben könnten. Glücklicherweise schätzten Geologen bald das Erdalter auf Hunderte Millionen und schließlich einige Milliarden Jahre. Mit der Zeit wurde Darwins Theorie indes immer stärker rezipiert. 1871 ging er noch einen Schritt weiter und konzentrierte sich darauf, die Evolutionstheorie auf die Geschichte vom Ursprung des Menschen anzuwenden. Es erschien sein Buch *Die Abstammung des Menschen und die geschlechtliche Zuchtwahl*. Die menschlichen Ursprünge unterschieden sich in keiner Weise von denen der Tiere. Unsere Geschichte war die eines »Nackten Affen«, der über eine sehr lange Zeitspanne hinweg aus anderen Affen hervorgegangen war. Mit Darwins Evolutionstheorie durch natürliche Zuchtwahl war eine neue Ursprungsgeschichte geboren, die alles Leben, auch das der Menschen, durch die Abstammung von einem gemeinsamen Vorfahren in einem universellen »Lebensbaum« verband.

In Wissenschaftskreisen trat die geologische Zeit bald an die Stelle der biblischen Zeit, und die Evolution durch natürliche Selektion stürzte die Ursprungsgeschichte der Genesis vom Thron. Eine neue säkulare Geschichte verband nun Erde, Leben und Menschen. So bemerkte Thomas H. Huxley, Präsident der Geological Society of London, 1869: »Die Biologie holt sich ihre Zeit von der Geologie.« Und im Gegensatz zur Genesis-Geschichte spielten die Menschen jetzt keine Sonderrolle mehr – sie waren einfach nur eine Spezies unter vielen, die sich ohne bestimmte Richtung auf einem sich wandelnden Planeten entwickelten.

Eine geringe Rolle

Nach Darwin und infolge rascher Entwicklungen in der Astronomie wurde die Position des Menschen in der Geschichte des Universums umgeschrieben. Der Kosmos entstand vor 13,8 Milliarden Jahren in einer riesigen Explosion – dem »Big Bang«. Die Erde bildete sich Milliarden Jahre später aus Staub und Gas und verfestigte sich vor 4,5 Milliarden Jahren zu einem Planeten. Die Erde, einer von acht Planeten, die in einer unregelmäßigen Umlaufbahn um einen typischen gelben Zwergstern kreisen, wurde im Spiralarm einer Galaxie aus über 100 Milliarden Sternen in einer von über 100 Milliarden Galaxien mit insgesamt etwa 10 Trilliarden Sternen in einem sich ständig ausdehnenden Universum lokalisiert.

Das erste Leben entstand vermutlich vor über 3,8 Milliarden Jahren in Gestalt von Bakterien, die sich vor etwa 2 Milliarden Jahren zu komplexeren einzelligen Organismen mit einem Zellkern, den Eukaryoten, entwickelten. Die ersten mehrzelligen

Zeit im Jahr	ka	Ereignis
1. Januar	13.800.000	Urknall
2. Mai	8.500.000	Milchstraße
2. September	4.600.000	Sonnensystem
6. September	4.400.000	Ältestes Gestein
21. September	3.800.000	Leben (Einzeller ohne Zellkern)
9. Oktober	3.400.000	Photosynthese (Cyanobakterien)
29. Oktober	2.400.000	Oxygenesierung der Atmosphäre
15. November	2.000.000	Eukaryoten (erste Zellen mit einem Kern)
5. Dezember	800.000	Erste mehrzellige Organismen
20. Dezember	450.000	Landpflanzen
23. Dezember	300.000	Reptilien
25. Dezember	230.000	Dinosaurier
26. Dezember	200.000	Säugetiere
27. Dezember	150.000	Vögel
28. Dezember	130.000	Blumen
30. Dezember	65.000	Kreide-Paläogen-Grenze, Aussterben nicht vogelartiger Dinosaurier, erste Primaten
31. Dezember 14:24	12.300	Hominiden
22:24	2.500	Genus *Homo*, Steinwerkzeuge
23:44	400	Beherrschung des Feuers
23:48	300	*Homo sapiens* (anatomisch moderner Mensch)
23:55	100–60	»Modernes« menschliches Verhalten, etwa symbolische Zeichen, Fernhandel, komplexeres Werkzeug und Siedlungen
23:59:32	12	Landwirtschaft, Holozän
23:59:48	5	Bronze, Frühdynastische Periode Ägyptens
23:59:49	4,5	Alphabet, Rad
23:59:52	3	Eisen
23:59:53	2	Römisches Reich, christliche Geschichte, Erfindung der Null
23:59:59	0,5	Zusammenstoß zwischen Alter und Neuer Welt

Abbildung 1 | Der von Carl Sagan verbreitete kosmische Kalender zeigt die Geschichte des Kosmos, der Erde, des Lebens und der Menschen, projiziert auf ein einziges Jahr. Die Hominiden tauchen beispielsweise erst am letzten Tag des Jahres um 14:24 Uhr auf (ka = 1.000 Jahre).

Organismen tauchten vor über einer Milliarde Jahren auf und die ersten einfachen Tiere vor etwa 800 Millionen Jahren. Das Leben besiedelte vor ungefähr 480 Millionen Jahren das Festland und entwickelte sich dort zu unzähligen Formen – von denen die meisten wie die nicht vogelartigen Dinosaurier in einer von fünf Massenauslöschungen vor Zigmillionen Jahren für immer verschwanden. Die ersten Säugetiere entwickelten sich vor 200 Millionen Jahren, danach (vor 65 Millionen Jahren) die ersten Primaten und vor etwa 2,8 Millionen Jahren die erste Spezies unserer direkten Abstammungslinie, die Gattung *Homo*. Diese frühen menschlichen Spezies, die Hominini, waren die Ersten, die Steinwerkzeuge herstellten, Macht über Feuer hatten und von Afrika aus durch Eurasien wanderten. Das waren aber nicht wir.

Homo sapiens tauchte erst vor etwa 300.000 Jahren unter anderen homininen Spezies auf, die ebenfalls Werkzeuge fertigen und das Feuer kontrollieren konnten. Von da an wiesen die Menschen, abgesehen von einer weniger robusten Anatomie und einem etwas kleineren und anders geformten Kopf, stets dieselben Merkmale auf. Es sollte aber eine Zeit kommen, in der *Homo sapiens* eine andere Lebensweise ausbildete, sich über den ganzen Planeten verbreitete – und ihn sogar verlassen konnte. Dies geschah jedoch erst in den letzten Sekunden des kosmischen Kalenders (Abbildung 1). Für den Großteil der menschlichen Zeit auf der Erde war unsere Spezies eine von mehreren *Homo*-Gattungen unter Millionen weiteren Arten auf einem normalen Planeten, der einen typischen Stern in einer typischen Galaxie in einem weiten Universum umkreiste.

Die Veränderung der Erde

Für die meisten Naturwissenschaftler waren Menschen lange Zeit nur eine Nebensache auf einem Nebenschauplatz; die Hauptbühne war besetzt von der Natur und ihren physikalischen, chemischen und biologischen Prozessen. Verglichen mit diesen »großen Kräften der Natur« und ihren Milliarden Jahren ungebrochener Geschichte, sind wir Menschen nur ein weiteres Tier – und noch dazu ein Nachzügler. Doch schon bei den Wissenschaftlern in der Zeit Darwins änderte sich diese Sicht. Menschen galten nicht mehr nur als weitere Primaten, sondern als eine zutiefst disruptive Kraft wie keine andere auf der Erde.

Zu den prominentesten Vertretern dieser Sichtweise gehörte George Perkins Marsh, dessen Buch *Man and Nature* (1864; 1874 neu bearbeitete Fassung unter dem Titel *The Earth as Modified by Human Action*) eine andere Geschichte über die Beziehung zwischen Mensch und Natur erzählte. Frühere menschliche Gesellschaften im Mittelmeerraum rodeten Wälder und bestellten Land für die Bewirtschaftung, womit die Vegetation, die Böden und sogar das Klima weiträumig verändert wurden. Damit brachten sie »das Antlitz der Erde in eine beinahe so vollständige Verwüstung wie das des Mondes«. Die Menschen waren eine zerstörerische Kraft, in der Lage, die Erde auf Dauer zum Schlechteren zu verändern. 1873 ging der wenig bekannte Geologe Antonio Stoppani noch weiter, indem er aufgrund dieser Veränderung ein neues Zeitintervall definierte: die »anthropozoische Ära«.

Als sich das industrielle Zeitalter entfaltete, stieg der Bedarf an Ressourcen der Erde noch weiter. Angetrieben von der Verbrennung fossiler Energieträger und verbunden durch weltweite Handelsnetze, nahmen Maßstab, Intensität und Ausmaß der menschlichen Aktivitäten drastisch zu. Waldrodungen, die Bearbeitung des Bodens, Bergbau, Städtebau und industrielle Produktion führten zunehmend zur Verschmutzung von Wasser, Luft und Land, und die Ausdehnung betriebsamer von Menschen bewohnter Landschaften ließen den nicht menschlichen Bewohnern des Landes immer weniger Raum. Der schlagendste Beweis dafür, dass der Mensch zu einer Kraft geworden war, der die Fähigkeit besaß, die Erde zu verändern, kam aus der Luft.

Das Ende der Natur

Im Jahr 1895 demonstrierte Svante Arrhenius, aufbauend auf dem Werk von John Tyndall, dass Kohlendioxid und Wasserdampf in der Erdatmosphäre Wärmeenergie speicherten. Dieser Treibhauseffekt erwärmte die Erdoberfläche so weit, dass die Existenz von flüssigem Wasser möglich wurde – eine Voraussetzung für Leben, wie wir es kennen. Darüber hinaus vertrat Arrhenius die These, dass Veränderungen im Gehalt an Kohlendioxid und anderer Treibhausgase in der Atmosphäre Eiszeiten und andere langfristige Veränderungen der Erdtemperatur erklären könnten. Die Verbrennung von Kohle würde diese »Treibhauserwärmung« des Planeten noch weiter forcieren – was er positiv einstufte, zumindest für kalte Regionen wie sein Geburtsland Schweden.

Mehr als ein halbes Jahrhundert nach Arrhenius konnte nachgewiesen werden, dass Kohlendioxid aus fossilen Energieträgern tatsächlich in die Erdatmosphäre gelangte und einen

Temperaturanstieg verursachte. 1965 warnten Wissenschaftler in einem Bericht für Lyndon B. Johnson vor den Gefahren einer anthropogenen Erderwärmung. Es gab immer mehr Belege dafür, und die Voraussagen wurden immer eindeutiger. Wenn die gegenwärtigen Trends anhielten, würde sich die Erde dramatisch aufheizen – mit massiven Folgen für menschliche Gesellschaften und die Natur innerhalb weniger Jahrzehnte. Der Meeresspiegel werde steigen und Städte bedrohen. Klimaveränderungen würden die landwirtschaftliche Produktion erschweren und natürliche Habitate auf der ganzen Welt zerstören. Die Botschaft der Wissenschaft war klar: Die Aktivitäten des Menschen trieben die Erde in eine neue und möglicherweise höchst gefährliche Richtung. Wissenschaftler verlangten entsprechende Maßnahmen.

Im Jahr 1988 wurde eine neue wissenschaftliche Institution gegründet, die die Risiken der anthropogenen Erderwärmung abschätzen sollte: der Weltklimarat (IPCC). Und er war nicht allein. Eine große Gemeinschaft von Aktivisten, Institutionen und Intellektuellen hatte sich bereits über ein Jahrhundert lang mit den vielen verschiedenen vom Menschen verursachten Umweltschäden befasst. Belege dafür, dass Menschen die Grundbedingungen des Lebens auf der Erde veränderten, wurden zu ihrem Schlachtruf. Die anthropogene Erderwärmung veränderte alles. Für manche war es an der Zeit, die Geschichte von Mensch und Natur neu zu schreiben.

Im Jahr 1989 veröffentlichte Bill McKibben *Das Ende der Natur*, das erste populäre Sachbuch über den Klimawandel. Für McKibben hatte die Zerstörung der natürlichen Lebenswelten durch den Menschen ihren Höhepunkt erreicht. Moderne Gesellschaften hätten die Welt bereits mehr verändert, domestiziert und kontrolliert als jede andere und Wasser, Böden und Luft – und den Charakter des Lebens selbst – vergiftet und entwertet. Mit dem Eingriff in das Klimasystem habe der Mensch den letzten Schritt getan. Aufgrund der weltweiten vom Menschen verursachten Klimaveränderung gebe es keine vom Menschen unberührte Natur mehr.

Ein neues Kapitel

Den anthropogenen Klimawandel als »Ende der Natur« zu deuten, ist vielleicht zu weit gegriffen. Wie konnte ein Produkt der Natur – ein nackter Affe – die Fähigkeit erlangen, der Natur selbst ein Ende zu bereiten? Und wenn tatsächlich das Ende der Natur erreicht ist, was kommt dann? Aber die wissenschaftlichen Belege sind eindeutig. Menschen verändern die Erde in nie da gewesener Weise. Es gibt gute Gründe zu akzeptieren, dass wirklich ein neues Kapitel der Erdgeschichte aufgeschlagen wird, in dem der Mensch die führende Rolle spielt.

Deshalb hat das Anthropozän so große Aufmerksamkeit erhalten. Dem Menschen die Rolle als Erdveränderer zuzuschreiben heißt, dass die wissenschaftlichen Narrative über das Verhältnis zwischen Mensch und Natur, die sich seit kopernikanischer Zeit entwickelt haben, nicht mehr gültig sind – was stets zu Kontroversen geführt hat. Während Geologen weiterhin als Zeitmesser der Erdgeschichte fungieren – eine Rolle, die sie seit über zwei Jahrhunderten übernehmen –, schlägt das wissenschaftliche Narrativ des Anthropozän neue Wege ein. Neue Arten von Fragen und Belegen werden nötig sein, um den Menschen als Schöpfer eines neuen Intervalls in der Erdgeschichte zu beschreiben.

Keiner anderen Spezies wurde ein eigenes geologisches Zeitintervall zuerkannt. Warum hat der Mensch als einzige Spezies die Fähigkeit erlangt, einen ganzen Planeten umzugestalten? Wann ist das geschehen – und welche Vorgänge waren dafür verantwortlich? Haben alle Menschen in gleichem Maße teil an dieser Transformation? Wie lassen sich solche Fragen beantworten? Und noch weiter gefasst, was heißt es, Mensch zu sein, wenn er Teil einer globalen Macht ist, die alles verändert – sogar die Zukunft eines ganzen Planeten? Was ist überhaupt Natur in einem Zeitalter des Menschen?

Diese Fragen lassen sich nicht beantworten ohne ein grundlegendes Verständnis der Erdsysteme und ihrer Prozesse sowie ihrer vom Menschen eingeleiteten Veränderungen, die zur Anthropozän-These geführt haben. Ebenso notwendig ist die Kenntnis der Instrumente, Vorgänge und Rahmenbedingungen der geologischen Zeit, wenn wir diese Veränderungen zeitlich verorten und sie in den formellen Kalender der Erdgeschichte einfügen wollen. Vor diesem Hintergrund werden wir das gesamte Spektrum der Vorschläge für die Datierung des Beginns des Anthropozän untersuchen, angefangen von den Atomtests in den 1950er-Jahren bis zurück in die Anfänge der Landwirtschaft, zu den Ursprüngen des Menschen als Spezies und die Zeit davor. Anschließend untersuchen wir die vielen verschiedenen Einflüsse der Anthropozän-Hypothese auf die Natur- und Geisteswissenschaften sowie die Biopolitik auf einem von Menschen veränderten Planeten.

KAPITEL 2

Das Erdsystem

»Übertrifft jetzt der Mensch die großen Kräfte der Natur?«, fragten Will Steffen, Paul Crutzen und der Historiker John McNeill in ihrem zum Klassiker gewordenen Artikel von 2007 über das Anthropozän. Es war eine rhetorische Frage. Für diese Autoren konnte die Antwort nur ein lautstarkes Ja sein. Manchen erscheint es vielleicht großspurig, ja sogar häretisch, so etwas zu behaupten. Für Steffen, Crutzen und andere Erdsystemwissenschaftler war dies Gegenstand jahrzehntelanger Forschung. Sie sahen in den »großen Kräften der Natur« nicht das Wirken gottähnlicher Mächte, sondern vielmehr die Prozesse, die die Erde als komplex-dynamisches System intakt halten.

Es gibt gute Gründe, warum die Anthropozän-Hypothese gerade unter den Wissenschaftlern aufkam, die ihren Schwerpunkt darauf gelegt hatten, die Erde als ein solches System zu betrachten. Um zu beweisen, dass Menschen das »Erdsystem« verändert haben, müssen die ursächlichen Mechanismen hinter diesen Veränderungen gezeigt werden. Ohne tragfähige Kenntnis des Systems Erde – seiner wichtigsten Bestandteile, der Wechselwirkung zwischen ihnen und vor allem der Prozesse, die es stabil halten oder Veränderungen darin auslösen – ist es nicht möglich, die Ursachen von Veränderungen im Erdsystem herauszufinden.

Sphären und Kreisläufe

Die ersten Schritte hin zu einer Erdwissenschaft unternahm ein Geologe namens Eduard Suess, als er in seinem populären 1875 erschienenen Lehrbuch *Das Antlitz der Erde* die Begriffe »Lithosphäre«, »Hydrosphäre« und »Biosphäre« einführte. Vladimir Vernadsky entwickelte das erste moderne wissenschaftliche Modell eines komplexen Systems, das auf den dynamischen Wechselwirkungen zwischen diesen »Sphären« basierte (Abbildung 2).

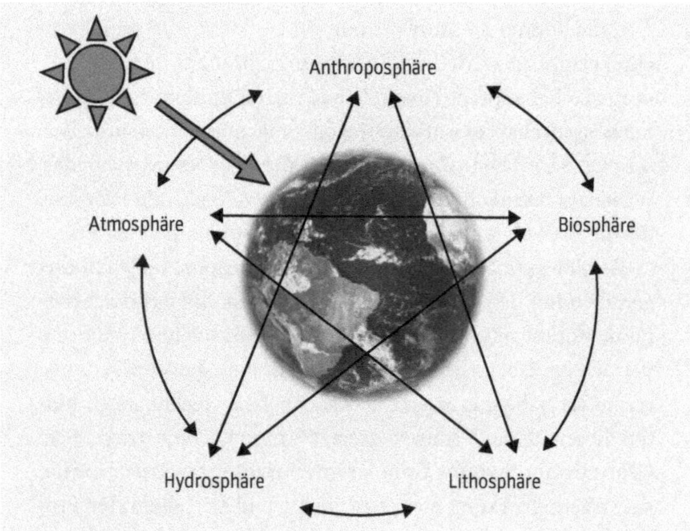

Abbildung 2 | Die Sphären des Erdsystems einschließlich einer »Anthroposphäre«, das heißt der globalen, in Wechselwirkung mit den anderen Sphären stehenden Auswirkungen menschlicher Aktivitäten.

Vernadsky charakterisierte die Funktionsweise der Erde als eine, die auf dem Austausch von Energie und Materie zwischen den verschiedenen Sphären beruhte, wobei dieses gesamte Austauschsystem durch Sonnenenergie gespeist werde. Die Biosphäre spielt laut Vernadsky eine zentrale Rolle bei dieser Wechselwirkung. Als dünne grüne »Hülle« steuere und verstärke sie diesen Austausch von Energie und Materie zwischen Atmosphäre, Hydrosphäre und Lithosphäre. Durch die Aufnahme von Sonnenenergie und Kohlendioxid aus der Luft seien photosynthetische Organismen in der Lage, die globalen Kreisläufe von Kohlenstoff und anderen Elementen zwischen den Sphären zu verändern. Und durch die Regulierung des Gehalts von Kohlendioxid und anderen Treibhausgasen in der Atmosphäre verändere die Biosphäre ständig die Dynamik des Klimasystems der Erde.

Vernadsky gilt heute zwar als der erste Wissenschaftler, der die These aufstellte, dass die Erde als System durch die Bildung der Biosphäre einen Transformationsprozess durchlaufen habe, aber sein Werk fand damals außerhalb der Sowjetunion keine große Verbreitung.

Die wiedergeborene Gaia

Mitte der 1960er-Jahre hatten Carl Sagan und andere Astrophysiker ein Problem. Es war bekannt, dass das Erdklima in den vergangenen 4 Milliarden Jahren erstaunlich stabil gewesen war. Doch in dieser Zeit hatte die von der Sonne abgegebene Energie um 30 Prozent zugenommen. Dank der hohen Konzentration von Kohlendioxid in der Atmosphäre war die Erde von Beginn an so warm, dass sie Wasser in flüssiger Form bereithielt und andere für das Leben notwendige Bedingungen erfüllte. Warum hatte sich die Erde nicht drastisch aufgeheizt, als die Sonnenenergie zunahm? Musste es nicht einen regulierenden Mechanismus geben, der verhinderte, dass die Erde zu heiß für den Erhalt von Leben wurde?

Anfang der 1970er-Jahre fanden James Lovelock und Lynn Margulis eine Antwort. Lebende Organismen, die gemeinsam als die Biosphäre agierten, waren selbst für die Kontrolle des Erdklimas und den Erhalt der für das Leben auf der Erde notwendigen Bedingungen verantwortlich. Das Leben selbst gebar Leben. In der bahnbrechenden Hypothese, die den Keim für die Erdsystemwissenschaft legte, war Gaia wiedergeboren.

Nach der Gaia-Hypothese reguliert die Biosphäre das Erdklima, indem sie sich wie ein Thermostat verhält. Wenn sich die Erde aufwärmt, reagiert sie mit Abkühlungseffekten. Beispielsweise nehmen Organismen mehr Treibhausgase aus der Atmosphäre auf und geben Feinpartikel – sogenannte Aerosole – in die Luft ab, sodass sich Wolken bilden, die die Sonnenenergie zurückwerfen. Auf eine abkühlende Erde reagiert die Biosphäre durch Wärmeeffekte – etwa die verstärkte Freisetzung von Treibhausgasen und die Reduzierung der Aerosole in der Atmosphäre. Laut der Gaia-Hypothese hat die Biosphäre somit die Erdtemperatur durch ein System der »negativen Rückkopplung« stabil gehalten und so den Wärmeeffekten der angestiegenen Sonnenenergie entgegengewirkt – ein exogener Prozess. Durch endogene, »erdbürtige« Prozesse verursachte Erwärmungs- und Abkühlungseffekte, etwa durch die Freisetzung von Treibhausgasen und Aerosolen bei Vulkanausbrüchen, könnte das Erdklima ebenfalls über negative Rückkopplungen ausbalancieret werden.

Im Erdsystem findet sich indes auch eine Fülle positiver Rückkopplungssysteme, etwa diejenigen, die vom Eis der Erde – der Kryosphäre – gesteuert werden, wenn die Sonne arktisches Eis schmelzen lässt. Meerwasser absorbiert die Sonnenenergie hervorragend, Meereis reflektiert diese Energie hingegen größtenteils in den Weltraum zurück. Wenn die Sonne arktisches Eis abschmilzt, entstehen größere Wasserflächen – es kann mehr Wärme aufgenommen werden. Folglich wird noch mehr Eis schmelzen, was zu einer weiteren Erwärmung führen wird. So stellt das Abschmelzen von Meereis eine positive Rückkopplungsschleife dar – Erwärmung führt zu weiterer Erwärmung, sodass das Abschmelzen von arktischem Eis durch die Sonne beschleunigt wird. Irgendwann kann diese positive Rückkopplung einen Punkt erreichen, an dem eine Umkehr nicht mehr möglich ist – den »Kipppunkt« oder »Regime-/Systemwechsel« – und mit dem das arktische Eis so lange abschmilzt, bis es gänzlich verschwunden ist.

In Anbetracht der langfristigen dramatischen Zunahme der von der Sonne abgestrahlten Energie hätte ein Erdsystem ohne eine angemessene Antwort darauf kein Leben aufrechterhalten können. Es bedurfte einer Regulierung. Um die bemerkenswert lange Stabilität der Erde und ihrer Fähigkeit, Leben zu erhalten, zu erklären, müssen beide als Produkt eines komplexen Systems interagierender positiver und negativer Rückkopplungen gesehen werden, die den Austausch von Stoffen und Energie zwischen den verschiedenen Sphären bestimmen.

Lovelock schrieb nicht nur ein populäres Buch zu seiner Gaia-Hypothese, sie führte auch zu einer völlig neuen Auffassung vom Leben auf der Erde. Obwohl die angenommenen biosphärischen Mechanismen einer langfristigen Klimaregulierung inzwischen durch einen geochemischen Mechanismus ersetzt wurden, war die Grundannahme, dass die Erde ein komplexes, dynamisches System darstellt, das von Rückkopplungen zwischen ihren einzelnen Sphären stabilisiert wird, der langfristig wohl wichtigste Beitrag der Gaia-Hypothese. Mit ihr wurden die Klimastabilität (trotz einer zunehmend warmen Sonne) und andere selbstregulierende Mechanismen als komplexe, aus den Wechselwirkungen zwischen den Komponenten resultierende Systemprozesse verstanden.

Durch die Betrachtung der langfristigen Erddynamik als ein System, das mehr ist als die Summe seiner Teile, legten Lovelock und Margulis den Grundstein für die Erdsystemwissenschaft.

Die große Oxigenierung

Anhand der Rolle der Biosphäre für die Funktionsweise der Erde lässt sich beispielhaft zeigen, was unter einer bedeutenden Einflussgröße auf die Natur zu verstehen ist. Spätestens mit den Arbeiten eines James Hutton aus dem ausgehenden 18. Jahrhundert betrachten Wissenschaftler die Erde als einen dynamischen Planeten. Die Transformation der Erde durch die Biosphäre aber verleiht dieser Ansicht eine völlig neue Bedeutung: Das Leben brachte nicht nur selbst Leben hervor, es waren lebende Organismen, die den Sauerstoff der Atmosphäre produzierten.

Allem Anschein nach entwickelte sich frühes Leben, schon bald nachdem die Erde eine feste Gesteinsoberfläche und Ozeane ausgebildet hatte, vor etwa 4 Milliarden Jahren. Die Atmosphäre der Erde bestand wie diejenige unseres Nachbarplaneten Venus überwiegend aus Kohlendioxid (CO_2), und solange es keine Sauerstoff-(O_2)-Atmosphäre gab, existierte auch keine Ozonschicht (O_3), welche die lebenszerstörende ultraviolette Strahlung der Sonne absorbiert hätte.

Es sollte weitere 1,5 Milliarden Jahre dauern, bis sich dies änderte, und zwar dank der Entwicklung von Organismen, die sich von der Sonne ernähren konnten. Zellen mit dieser neuen biologischen Fähigkeit, der Photosynthese, verwandelten mithilfe der Sonnenenergie CO_2 und Wasser in Zucker und schließlich in all die anderen kohlenstoffreichen organischen Komponenten, die für die Bildung und den Erhalt von Leben notwendig sind. Als Folge davon stand ein riesiger neuer Energievorrat für Wachstum und Entwicklung der Biosphäre zur Verfügung – und die Erdatmosphäre wurde durch die Anreicherung des Abfallprodukts Sauerstoff für immer verändert.

Die Photosynthese veränderte alles. Im Lauf von Hunderten Millionen Jahren gaben photosynthetisierende Organismen – vor allem Bakterien – O_2 in die Atmosphäre ab. Die »Große Oxigenierung« der Erdatmosphäre ging anfangs sehr langsam vonstatten, da der erste freie Sauerstoff mit Eisen und anderen Mineralien in den Meeren und der Erdkruste reagierte und riesige Ablagerungen von Eisenoxid und anderen Verbindungen hinterließ. Doch sobald dieser Prozess abgeschlossen war, stieg Sauerstoff aus den Meeren auf und reicherte sich in der Atmosphäre an. Der Anteil an atmosphärischem CO_2 ging in dem Maße zurück, wie lebende Organismen begannen, das Gas der Luft zu entziehen und als Karbonat in ihre Körper einzubauen; nach ihrem Tod sanken die Organismen auf die Meeresböden ab und bildeten mächtige Gesteinskörper. Organismen, die für die hochreaktive, »giftige« O_2-Umgebung nicht geeignet waren, starben aus oder zogen sich in die weniger sauerstoffreichen Tiefen der Erde zurück.

Freier Sauerstoff in der Atmosphäre veränderte die Chemie der Erde radikal. Neue Formen eines hochenergetischen Stoffwechsels wie die aerobe Atmung entstanden, wodurch die Fähigkeit komplexer, mehrzelliger Organismen, sich zu ernähren und zu entfalten, enorm gesteigert wurde. Damit schuf die Biosphäre selbst die notwendigen Bedingungen für das Gedeihen komplexer, mehrzelliger Organismen und ermöglichte die Eroberung des Landes unter dem Schutz einer Ozonschicht in der Stratosphäre. Der Landgang der Pflanzen löste vor etwa 400 Millionen Jahren eine zweite Oxigenierungswelle aus, sodass der Sauerstoffgehalt der Luft Werte erreichte, die den heutigen ähnelten. Durch die neue Sauerstoffchemie wurde Gestein aufgelöst, neue Mineralien entstanden, und eine rasche Freisetzung von in organischen Stoffen gespeicherter Energie wurde möglich – bis hin zur Entstehung natürlicher Brände. Parallel dazu erfuhren Erdatmosphäre und Erdklima durch die Entfernung von CO_2 aus der Atmosphäre weitere Veränderungen, und die Erde entging dem Schicksal der Venus, die zur »Treibhaushölle« wurde. Kurzum: Die Entstehung von Leben änderte Chemie und Physik der Erde dauerhaft.

Kohlenstoff und Klima

Die Biosphäre ist bis heute ein aktiver Player im Erdsystem und reagiert auf langfristige Veränderungen der eingestrahlten Sonnenenergie durch Anpassung des Kohlendioxidanteils in der Atmosphäre. In der gesamten Erdgeschichte war die eintreffende Sonnenenergie nicht konstant, je nach den zykli-

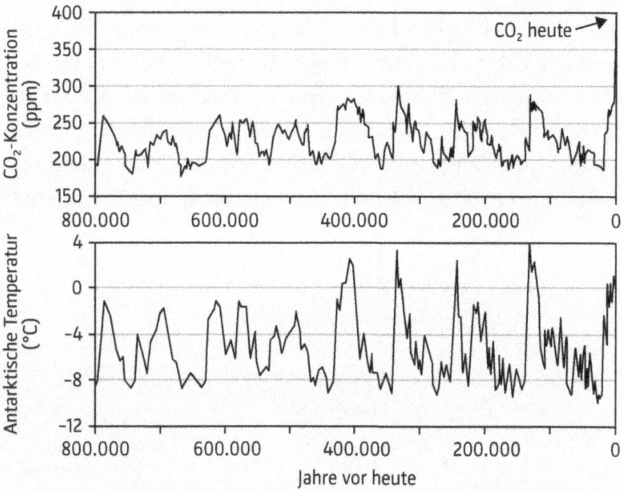

Abbildung 3 | Veränderungen der Kohlendioxidkonzentration und des Klimas in den letzten 800.000 Jahren, gemessen an Eiskernen aus der Antarktis. Sie zeigen die Korrelation zwischen den beiden Werten im Verlauf der glazialen/interglazialen Zyklen.

schen Veränderungen von Erdentfernung und Erdausrichtung zur Sonne hat sie zu- oder abgenommen und zu verschiedenen Zeiten weitläufige Vereisungen ausgelöst. In den vergangenen 2,6 Millionen Jahren gab es auf der Erde zahlreiche Zyklen kalter »glazialer« Intervalle oder »Kaltzeiten«, in denen sich Gletscher und Meereis von den Polen und Gebirgen her ausdehnten, unterbrochen von relativ warmen »interglazialen« Perioden, in denen sich das Eis zurückzog.

Durch Bohrungen im Eis der Antarktis und Grönlands konnten Klimawissenschaftler diese langfristigen Zyklen der Erdtemperatur und des atmosphärischen Kohlendioxidgehalts rekonstruieren (Abbildung 3). Mit den vielen glazialen/interglazialen Zyklen innerhalb dieses Intervalls stieg und sank der atmosphärische Kohlendioxidanteil synchron zu einer sich erwärmenden oder abkühlenden Erde, teils infolge der aktiven Reaktion der Biosphäre, teils in Reaktion auf eine Kohlenstoffaufnahme der Meere. Durch die Freisetzung von Kohlenstoff

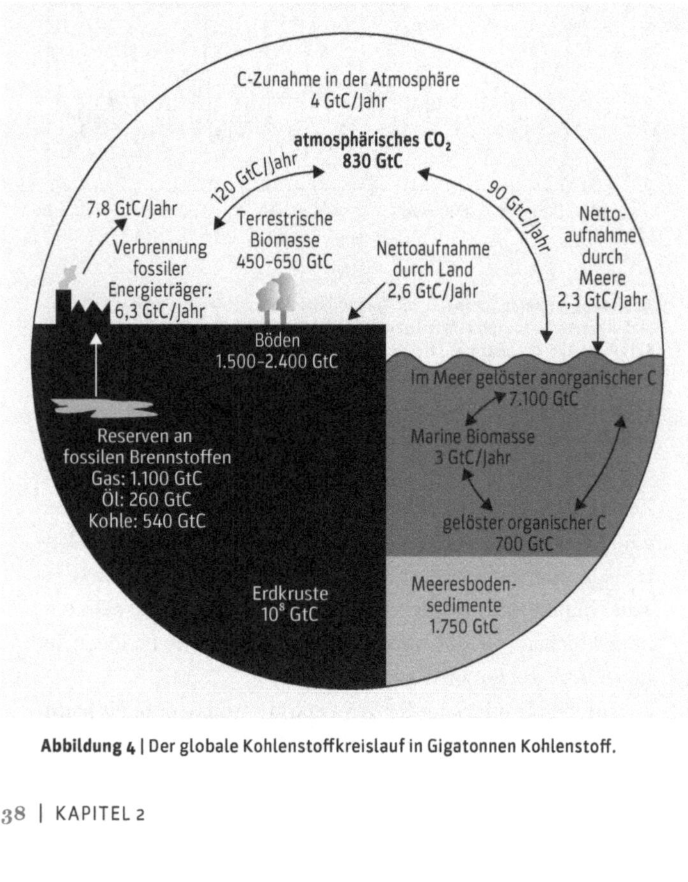

Abbildung 4 | Der globale Kohlenstoffkreislauf in Gigatonnen Kohlenstoff.

bei Erwärmung und die Resorption im Verlauf der Abkühlung der Erde reagierte die Biosphäre auf die langfristigen zyklischen Veränderungen der eintreffenden Sonnenenergie und bildete so ein positives Rückkopplungssystem.

Während Sonnenenergie und Erdklima im warmen interglazialen Intervall der letzten 11.000 Jahre relativ stabil geblieben sind, so gibt es doch erhebliche saisonale Schwankungen des Kohlendioxidgehalts der Atmosphäre im Jahresverlauf. Sie werden von der Biosphäre reguliert: Jedes Frühjahr nimmt die Biosphäre in Reaktion auf die Erwärmung der nördlichen Hemisphäre – wo sich heute der Großteil der Landmassen befindet und der Löwenanteil der Photosynthese stattfindet – mehr Kohlenstoff auf und reduziert somit dessen Gehalt in der Atmosphäre. Wenn sich die nördliche Hemisphäre im Herbst abkühlt, verlangsamt sich die Photosynthese, und aus den abgestorbenen Resten von Pflanzen und Tieren wird Kohlenstoff freigesetzt. Diese jährlichen Zyklen von Kohlenstoffaufnahme und -freisetzung sind Teil des globalen Kohlenstoffkreislaufs zwischen Biosphäre, Atmosphäre und den anderen Sphären des Erdsystems und bilden so den globalen »biogeochemischen« Kohlenstoffkreislauf (Abbildung 4). Durch die Ermittlung von Daten zu dessen langfristiger Dynamik bzw. zum Verhältnis von atmosphärischem Kohlenstoffgehalt und Erdtemperatur lassen sich Zusammenhänge und Rückkopplungen zwischen Biosphäre, Lithosphäre und Atmosphäre erkennen, die für Stabilität und Instabilität des Erdsystems verantwortlich sind.

Die Keeling-Kurve

Im März 1958 installierte Charles David Keeling einen Infrarot-Gasanalysator auf dem inaktiven Vulkan Mauna Loa auf Hawaii. Mit finanzieller Unterstützung durch das International Geophysical Year Programme wollte er den Kohlenstoffgehalt an einem abgelegenen, ungestörten Ort messen, um so ein Maß für das »natürliche« Mischungsverhältnis innerhalb der gesamten Erdatmosphäre zu erhalten. Keeling, ein junger Postdoktorand, sollte bald darauf über seine erste Entdeckung schreiben, sie zeige »erstmals, dass die Natur im Sommer der Luft CO_2 über das Pflanzenwachstum entzieht und es jeden darauffolgenden Winter wieder freisetzt«. Mit anderen Worten: Keeling hatte das »Atmen« der Biosphäre beobachtet.

Trotz dieses recht frühen Durchbruchs bedurfte es bis zu Keelings größtem Beitrag zur Erdwissenschaft noch einiger Jahre sorgfältiger Messungen. Die heutzutage so bezeichnete »Keeling-Kurve«, mit der er seine langfristigeren Beobachtungen darstellte, offenbarte einen verblüffenden Trend jenseits der saisonalen Zyklen der terrestrischen Biosphäre (Abbildung 5). Im Verlauf von Jahren zeigten die Kohlendioxidkonzentrationen einen deutlichen Anstieg. Mit der Veröffentlichung seiner Arbeit im Jahr 1960 lag der erste belastbare Beweis dafür vor, dass die Verbrennung fossiler Energieträger im großen Stil tatsächlich zur Anreicherung von Kohlendioxid in der Erdatmosphäre führte. In den 1970er-Jahren erhielt der anhaltende Aufwärtstrend zunehmend die Aufmerksamkeit von Erdwissenschaftlern.

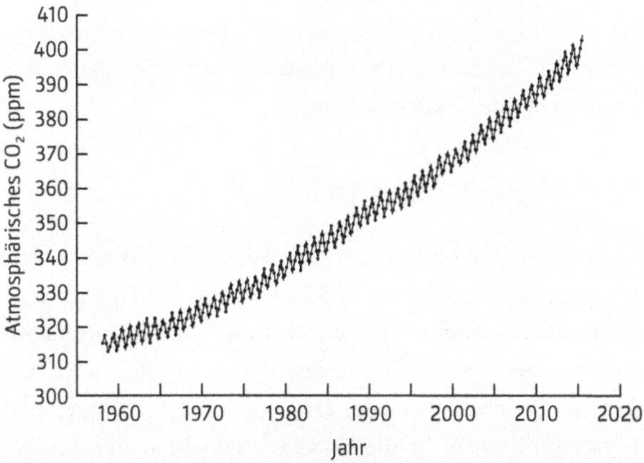

Abbildung 5 | Die Keeling-Kurve. Charles David Keelings wiederholte Messungen von atmosphärischem CO_2 auf dem Mauna Loa, Hawaii, zeigten zum ersten Mal, dass die CO_2-Konzentrationen weltweit mit der Zeit zunahmen.

Keelings Kurve demonstrierte, dass die Verwendung fossiler Brennstoffe durch den Menschen die Erdatmosphäre und möglicherweise sogar die Funktionsweise des Erdsystems insgesamt rapide veränderte. Die Untersuchung der Ursachen und Folgen des Anstiegs des Kohlenstoffgehalts in der Atmosphäre machte es notwendig, den Kohlenstoffkreislauf bzw. die Flüsse des Kohlenstoffs zwischen den verschiedenen Reservoiren der Erde zu bilanzieren. Dabei ging es nicht allein um die Vegetation und die Böden der terrestrischen Biosphäre; auch die Meere und die Emissionen der Vulkane waren miteinzubeziehen – sowie die anthropogenen Emissionen, etwa aus der Verbrennung fossiler Energieträger oder der Produktion von Stahl und Beton. Um all diese Elemente des globalen Kohlenstoffkreislaufs zu untersuchen, bedurfte es einer beispiellosen internationalen Zusammenarbeit der Wissenschaften, Bemühungen, die bald größere Gemeinde von Erdsystemwissenschaftlern auf den Plan rufen sollten.

Das Ozonloch

In einem 1970 erschienenen Artikel warnte der auf Atmosphärenchemie spezialisierte Meteorologe Paul Crutzen, die Schutzzone der Erde könne durch Emissionen eines stabilen, nicht toxischen Gases bedroht sein, das von im Boden lebenden Bakterien produziert werde. Das Stickoxid N_2O, auch Lachgas genannt, steige in die höheren Schichten der Erdatmosphäre auf und werde durch die starke ultraviolette Strahlung der Stratosphäre katalytisch abgebaut, wodurch es zum Abbau von Ozon und damit zur Zerstörung der gesamten Ozonschicht komme – mit der Folge, dass das gesamte Leben an Land der schädlichen UV-Strahlung der Sonne ausgesetzt wäre. Der Einsatz von stickstoffreichem Dünger im großen Stil könne die Stickoxidemissionen und ihre schädlichen Folgen verstärken.

Während Crutzens Arbeit zu dieser Zeit kaum Aufmerksamkeit erregte, formulierten Frank Sherwood Rowland und Mario Molina einige Jahre später (1974) die Hypothese, dass andere Arten inerter Gase, die Fluorchlorkohlenwasserstoffe (FCKW), ebenfalls bis in die Stratosphäre aufsteigen und Ozon zerstören könnten. Im Gegensatz zum Stickstoff waren die FCKW rein synthetische Chemikalien, welche die Industrie in Kühlschränken, Klimaanlagen und sogar in Sprühdosen einsetzte. Die These von Rowland und Molina löste einen Aufschrei in allen Industriebranchen aus, die FCKW produzierten und nutzten –

(a)

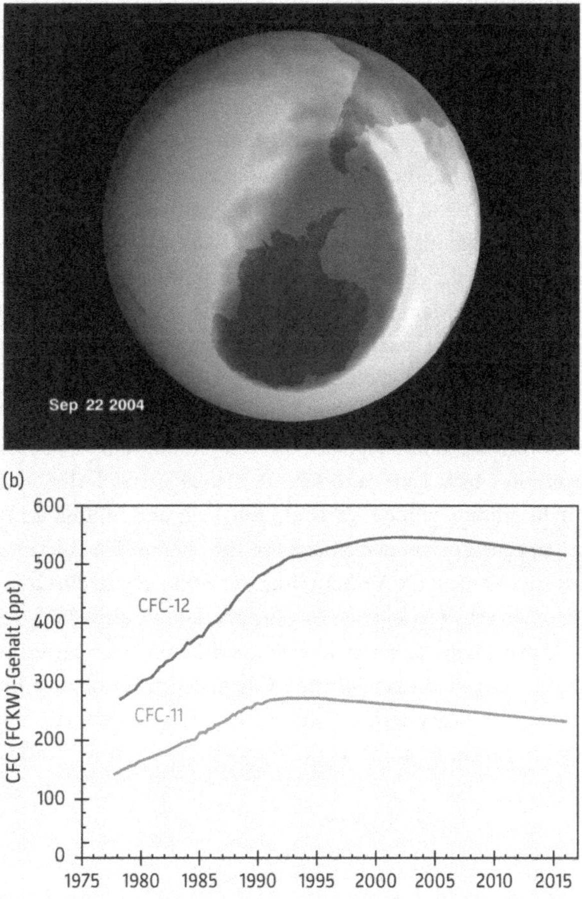

Abbildung 6 | Das Ozonloch über der Antarktis und die Veränderung des FCKW-Gehalts in der Atmosphäre über einen längeren Zeitraum.

obwohl immer mehr Beweise dafür vorlagen, dass die stratosphärische Ozonschicht tatsächlich massiv bedroht war.

Es sollte bis 1985 dauern, bis die schwerwiegendste Folge einer Verringerung von Ozon, das »Ozonloch« über der Antarktis, entdeckt wurde, wo es durch die saisonale Anreicherung von FCKW zu einem nahezu vollständigen Verschwinden des Ozons kam (Abbildung 6). Die Entdeckung löste sofort schwere Besorgnis nicht nur unter Wissenschaftlern, sondern auch in der Öffentlichkeit und in der Politik aus. Innerhalb weniger Jahre wurden durch international koordinierte Anstrengungen, beginnend mit dem Montreal-Protokoll, neue politische Rahmenbedingungen geschaffen, um das Ozonloch zu bekämpfen und wieder zu »schließen«.

Das Montreal-Protokoll und nachfolgende striktere Abkommen führten schließlich dazu, dass die Produktion von FCKW vermindert bzw. ganz verboten wurde, sodass sich die Ozonschicht erholen konnte. Crutzen, Rowland und Molina erhielten 1995 gemeinsam den Nobelpreis für Chemie. Und das neue Narrativ, wonach die Veränderung der Atmosphäre durch den Menschen schwerwiegende Folgen habe, konnte sich etablieren und damit auch die Forderung nach stärkeren internationalen Anstrengungen, die schädlichen Folgen der menschlichen Eingriffe in das Erdsystem aufzudecken, zu analysieren und möglichst zu verhindern.

Das International Geosphere-Biosphere Programme (IGBP)

1972 veranstalteten die Vereinten Nationen ihre erste Konferenz über die »Umwelt des Menschen« und gründeten das UNEP (Umweltprogramm der Vereinten Nationen). Die Bemühungen, gegen Umweltschäden anzugehen, wurden zunehmend von einer Reihe staatlicher Institutionen unterstützt, die Forschungsprojekte und politische Programme zu Umweltthemen förderten.

Wie Rachel Carson in ihrem einflussreichen Buch *Stummer Frühling* nachwies, beeinträchtigten synthetische Chemikalien wie DDT die Reproduktion von Vögeln und anderen Tieren auch an Orten, die weit entfernt waren von den Flächen, auf denen das Insektizid eingesetzt worden war. Landwirtschaft, Beweidung und Zersiedelung verdrängten rasch natürliche Habitate oder schädigten sie. Saurer Regen, der durch die Emission von Schwefeldioxid (SO_2) bei der Verbrennung von Kohle in einer Region entstand, konnte Hunderte Kilometer weiter in einer anderen Region, ja sogar in einem anderen Land niedergehen und dort Wälder und Süßwasser vergiften. In den 1980er-Jahren wurde klar, dass viele Umweltprobleme zunehmend globale Ausmaße hatten. Eine Wissenschaft der globalen Umweltveränderung war nötig, um diese Probleme zu verstehen und anzugehen.

Besorgnis wegen des Ozonlochs verband sich mit solcher um ein breiteres Spektrum ökologischer Bedrohungen und führte zum Ruf nach einer Wissenschaft des Global Change. Neue internationale Wissenschaftsinstitute wurden gegründet, die

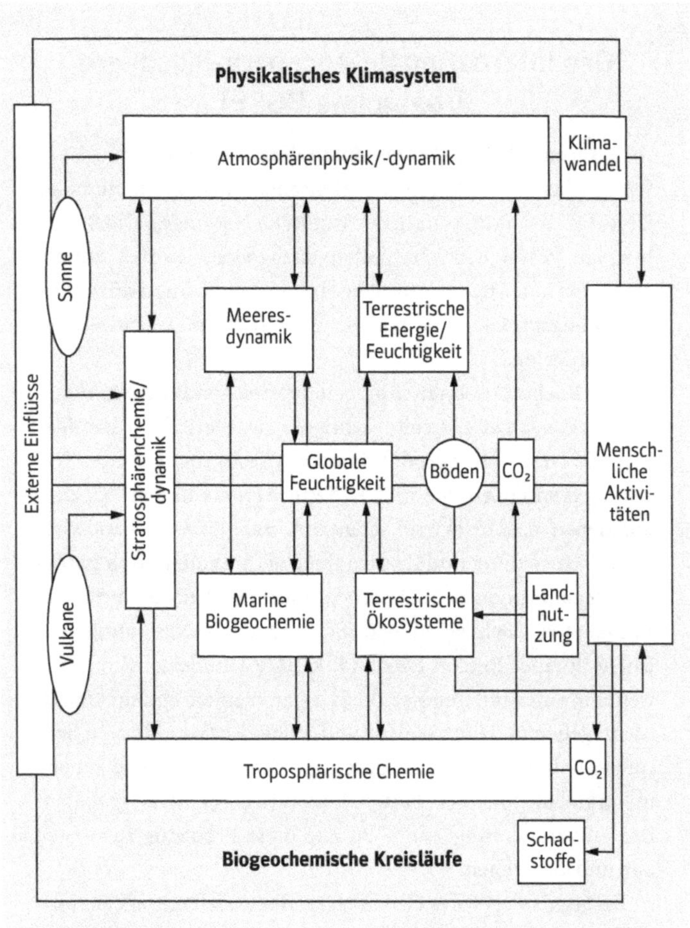

Abbildung 7 | Erdsystemmodell aus dem NASA-Report 1986: Die Funktionen der einzelnen Subsysteme sind mit menschlichen Aktivitäten wie Landnutzung, Verschmutzung oder CO_2-Emissionen in einen Zusammenhang gebracht.

sich, aufbauend auf früheren internationalen Forschungsprojekten, wie dem Internationalen Geophysikalischen Jahr, dem Studium der globalen Umweltveränderungen widmeten. Das erste war das World Climate Research Programme von 1979. Im Jahr 1986 forderte die NASA in einem Bericht, der weite Verbreitung fand, »eine Verbesserung des wissenschaftlichen Verständnisses des gesamten Erdsystems, um zu beschreiben, wie sich die einzelnen Bestandteile und ihre Wechselwirkung miteinander entwickelt haben, um ihre Funktionsweise zu verstehen und ihre wahrscheinliche weitere Entwicklung auf verschiedenen Zeitskalen zu prognostizieren«.

Der Bericht enthielt auch ein Begriffsmodell des Erdsystems, in dem der Einfluss »menschlicher Aktivitäten« (Abbildung 7) berücksichtigt war. Um dies weiterzuführen, bedurfte es einer neuen internationalen Wissenschaftsinstitution.

Paul Crutzen und Will Steffen gehörten zu den Ersten, die sich 1987 an dem neu gegründeten Internationalen Geosphere-Biosphere Programme (IGBP) beteiligten. Mit dieser Einrichtung, die ihren Sitz in Schweden hat, waren für die Erdsystemwissenschaft die institutionellen Voraussetzungen gegeben, um eine tragfähige interdisziplinäre Gemeinschaft von Wissenschaftlern aufzubauen, die sich der Weiterentwicklung der Erdsystemwissenschaft widmen.

Systemwechsel

Mitte der 1990er-Jahre konnten Erdsystemwissenschaftler, koordiniert vom IGBP und von anderen internationalen Wissenschaftseinrichtungen, umfassendes Beweismaterial dafür vorlegen, dass die Menschheit dramatisch in die Erde als System eingreift. Durch menschliche Aktivitäten wurde die Atmosphäre nicht nur mit Kohlendioxid, FCKW, Aerosolen und anderen Spurengasen angereichert, diese Gase bedrohten auch die schützende Ozonschicht der Erde und führten zu spürbaren globalen Klimaveränderungen. Die Stoffkreisläufe, die biogeochemischen Kreisläufe der Erde, wurden gestört, was nicht nur den Kohlenstoffkreislauf betraf, sondern auch den Stickstoffkreislauf sowie die Kreisläufe anderer Leben spendender Stoffe. Die Landnutzung durch den Menschen griff massiv in die Ökologie der Erde ein, fruchtbare Böden erodierten, Wasser wurde auf Farmen und in Städte umgeleitet, sodass natürliche Habitate verschwanden und die Auslöschung von Arten in alarmierender Weise beschleunigt wurde.

Die Beobachtungen zeigten zweifelsfrei, dass sich mit den Aktivitäten des Menschen nicht nur die Erdatmosphäre und das Klima veränderten, sondern auch die Litho-, Hydro- und Biosphäre und das Klima. In den 1990er-Jahren wurde in der Forschung eine weitere Stufe erreicht. Mithilfe von Computersimulationen des Stoff- und Energieaustauschs wurde bestätigt, dass die Zunahme menschlicher Aktivitäten die Ursache großer langfristiger Veränderungen in der Funktionsweise der Erde als System war und keine zufällige Korrelation. Diese Erkenntnis war keine geringe Errungenschaft. Da man an einer einzigen Erde keine (Vergleichs)Experimente durchführen konnte, stellte die Simulation von Prozessen im Erdsystem einen wissenschaftlichen Durchbruch dar. So schrieb Hans Joachim Schellnhuber in seinem 1999 in der Zeitschrift *Nature* erschienenen bahnbrechenden Artikel, die Modellierung des Erdsystems in Kombination mit Beobachtungen aus dem All mittels Fernerkundung sowie weltweiten Beobachtungsnetzen an Land und auf dem Meer käme einer »Zweiten kopernikanischen Revolution« mit dem Ziel gleich, »die Geheimnisse der ›Statur der Erde‹ oder von ›Gaias Körper‹ zu entschlüsseln«.

2001 richtete das IGBP eine entscheidende Konferenz mit mehr als 1.400 Vertretern aus Wissenschaft, Politik, Ressourcenmanagement und Medien in Amsterdam aus. Der Schwerpunkt der Tagung lag auf der Notwendigkeit, die Erde als System zu untersuchen, und sie schloss mit der Amsterdam Declaration on Global Change, die folgende Feststellungen enthielt:

> »Das Erdsystem ist ein geschlossenes, sich selbst regulierendes System aus physikalischen, chemischen, biologischen und menschlichen Bestandteilen. …
>
> Anthropogene Veränderungen der Landflächen und der Meere, der Küsten und der Atmosphäre sowie in der Artenvielfalt, im Wasserkreislauf und in den biogeochemischen Kreisläufen jenseits der natürlichen Variabilität sind deutlich erkennbar. In Ausmaß und Wirkung kommen sie einigen der großen Kräfte der Natur gleich. Viele dieser Veränderungen beschleunigen sich. Der globale Wandel ist real, und er vollzieht sich hier und heute.«

Die Erdsystemwissenschaft setzt unterdessen die Erforschung der Ursachen der dynamischen Veränderungen in der Funktionsweise der Erde fort. Die am besten untersuchte Ursache ist der Mensch, der inzwischen »eindeutig eine große Kraft der Natur« ist und eine nie da gewesene Veränderung in der Funktionsweise der Erde als System hervorruft. Darüber hinaus könnten diese anthropogenen Veränderungen aufgrund von Kipppunkten und anderen komplexen Rückkopplungen zu noch schnelleren, überraschenden und möglicherweise katastrophalen Folgen im Erdsystem führen.

Es dürfte nicht überraschen, dass Paul Crutzen seine spontane Forderung, ein neues Intervall in der Erdgeschichte einzuführen, bei der IGBP-Konferenz 2000 in Mexiko zum Ausdruck brachte (er war zu dieser Zeit Vizerektor des IGBP). Aber die umfassenden Belege der Erdsystemwissenschaft reichen an sich noch nicht aus, um die geologische Zeitskala – die offizielle, international anerkannte Einteilung der 4,6 Milliarden Jahre Erdgeschichte in geologische Zeiträume, Zeitalter, Perioden und Epochen – zu revidieren. Um ein neues Intervall geologischer Zeit einzuführen, mussten die Geologen erst ihre eigenen wissenschaftlichen Methoden und Verfahren anwenden bzw. ihre eigenen Belege finden. Kurzum: Es fehlte der Nachweis, dass Menschen einen klaren, weltweit identifizierbaren Marker im Gestein hinterlassen haben.

KAPITEL 3

Die geologische Zeitskala

Acht Jahre nach Crutzens spontanem Ruf waren Geologen zum Handeln bereit. In ihrem Artikel »Are we now living in the Anthropocene?« riefen Jan Zalasiewicz und seine Kollegen bei der Geological Society of London Geologen dazu auf, das Anthropozän als neues Intervall geologischer Zeit einzuführen.

Die wissenschaftliche Forschung zeigte damals schon, dass Menschen die Erde verändert hatten. Daher scheint es vielleicht seltsam, dass sich das nicht in der wissenschaftlichen Zeittabelle der Erdgeschichte, der geologischen Zeitskala, niedergeschlagen hatte. Dafür gab es jedoch einen einfachen Grund. Die Wächter der geologischen Zeit müssen sich beim Aufbau ihrer Zeitachse unmittelbar an die physikalischen Befunde der Erdgeschichtsforschung halten, wie sie sich durch die geologischen Prozesse, die unseren Planeten formen, im Gestein niedergeschlagen haben.

Um zu ermessen, wie schwierig es ist, das Anthropozän als ein Intervall geologischer Zeit zu definieren, muss man wissen, mit welchen Methoden Wissenschaftler die geologische Zeitskala konstruieren. Die geologische Zeit wird in Schichten oder

»Strata« eingeteilt, die über lange Zeiträume übereinander abgelagert wurden, sodass eine »stratigraphische« Aufzeichnung entstand. Ein solches Zeugnis der Vergangenheit könnte beispielsweise in den Schichten von Sedimenten konserviert sein, die sich auf dem Boden eines Sees über viele Jahre abgelagert haben und sich später zu Sedimentgestein verfestigten.

Auf solche stratigraphischen Belege spezialisierte Geologen, sogenannte Stratigraphen, sind die Hüter der geologischen Zeit. Sie werden letztlich über das Schicksal des Anthropozän als Intervall der Erdgeschichte entscheiden. Wenn wir beide Möglichkeiten – Anerkennung oder Ablehnung – abwägen wollen, sind grundlegende Kenntnisse der Stratigraphie als Wissenschaft und darüber, wie die geologische Zeitskala aufgebaut wird, unabdingbar.

Die Ursprünge der Stratigraphie

Die Anfänge der Stratigraphie liegen in der Interpretation der Schichtenstruktur von Sedimentgestein durch Nicolas Steno im 17. Jahrhundert (Abbildung 8). Sein »Lagerungsgesetz«, nach dem sich neue Schichten von Sedimentgestein auf älteren bilden, ist bis heute das wichtigste Fundament der Stratigraphie. Es beruht auf zwei Prinzipien, nämlich dass es sich ganz unabhängig vom gegenwärtigen Zustand oder der heutigen (Aus)Richtung des Sedimentgesteins ursprünglich um horizontal übereinander gelagerte Schichten handelt.

Stenos Prinzipien ermöglichten es, alte Sedimentgesteine als Zeitschichten zu deuten, unabhängig davon, wie sie durch verschiedene geologische Prozesse verformt, gekippt, erodiert oder beeinträchtigt und verändert wurden. Steno und andere

Abbildung 8 | Turbidit, ein Sedimentgestein aus Cornwall, England, das deutliche Ablagerungsschichten zeigt.

erkannten darüber hinaus, dass man die Schichten anhand ihrer physischen Eigenschaften (mineralogische Zusammensetzung, Textur, Farbe und so weiter) und der in ihnen enthaltenen Fossilien voneinander unterscheiden und Korrelationen in verschiedenen Gesteinsformationen selbst an verschiedenen Orten feststellen konnte.

Hundert Jahre später leistete ein englischer Minen-, Kanal-, Graben- und Kohlebergwerksingenieur die umwälzendste Arbeit in der Stratigraphie. William Smith, der buchstäblich in den Gräben wühlte, wurde zu einem intimen Kenner der verschiedenartigen Schichten, die er in ganz Großbritannien fand. Indem er bei lokalen Beobachtungen Fossilien und verschiedene Arten von Gestein miteinander abglich, gelang es ihm, stratigraphische Schichten zu definieren, die sich über ganz England, Wales und Schottland erstreckten. Mit einem Meisterwerk, das bis heute als »die Karte, die die Welt veränderte«, gilt, war Smith der Erste, der Vorkommen und Bloßlegung von Gesteinsschichten kartierte, die sich quer durch große Gebiete zogen. Obwohl ihm seine Kämpfe um Anerkennung einen Aufenthalt im Gefängnis wegen Schulden einbrachten und er erst posthum zu einem gewissen Ruhm kam, wird Smith heute als »Vater der englischen Geologie« bezeichnet. Und seine Karte hängt immer noch im Burlington House, dem Sitz der Geological Society of London.

Die stratigraphische Wissenschaft findet praktische Anwendung in vielen Bereichen vom Bergbau bis zum Bauwesen. Ihre Rolle bei der Rekonstruktion der geologischen Zeit ist aber wohl die weitreichendste. Die geologische Zeit ist ein entscheidendes Element zum Verständnis der ersten Erdkruste, der Ursprünge und Evolution des Lebens und sogar der Veränderungsprozesse des Erdsystems, die bis heute anhalten. Und Stratigraphen haben inzwischen ein breites Spektrum von Verfahren entwickelt, die weit über die Vorstellungen eines Steno oder Smith hinausgehen.

Die Geochronologie

Die ersten stratigraphischen Rekonstruktionen der geologischen Zeit waren »relative Geochronologien«. Bei diesem Verfahren werden die relative Position der Gesteinsschichten oder stratigraphischen »Einheiten« als Sequenzen in der Zeit betrachtet, wonach tiefer liegende Schichten älteren und weiter oben liegende jüngeren Datums sind. Die einzelnen Schichten werden aufgrund ihrer physikalischen Merkmale als »lithostratigraphische Einheiten«, aufgrund ausgeprägter Fossilinhalte als »biostratigraphische Einheiten« oder mit einer Kombination aus beiden bezeichnet. Obwohl auf diese Weise keine absoluten Daten bestimmt werden können, war man in der Lage, durch die Zusammenstellung langer Sequenzen dieser Einheiten sehr signifikante Intervalle geologischer Zeit zu rekonstruieren. Damit war es möglich, evolutionäre Veränderungen in fossilen Organismen festzustellen, was zu einem weiteren stratigraphischen Prinzip führte: der »fossilen Aufeinanderfolge«, nach dem Biota zu Sequenzen zusammengeschoben werden. Damit lag ein starker Beweis für Darwins im Entstehen begriffene Evolutionstheorie vor.

Mitte des 18. Jahrhunderts unternahmen Giovanni Arduino und Kollegen erste Versuche, eine kontinuierliche Zeitlinie für die gesamte Erdgeschichte zusammenzustellen. In diesem ersten Kalender geologischer Zeit wurden vier verschiedene Zeitintervalle oder »Ordnungen« mit vier verschiedenen Gesteinsarten identifiziert, und diese wurden der Reihe nach als »Primär«, »Sekundär«, »Tertiär« und »Quartär« bezeichnet. Auch wurden Schätzungen über die Dauer der verschiedenen Zeitintervalle aufgrund ihrer Mächtigkeit und ihrer Bildungsraten vorgenommen. Letztere wiederum wurden anhand der Dauer physiko-chemischer Zerfallsprozesse im Gestein (Verwitterung), der Erosion, Sedimentation und der Verdichtung und Verfestigung der Sedimente (Lithifizierung) geschätzt.

An der Wende zum 20. Jahrhundert revolutionierte eine neue Technik die Stratigraphie. Die radiometrische Datierung – ein bekanntes Beispiel dafür ist die »Kohlenstoffdatierung« – ermöglichte es, den stratigraphischen Einheiten erstmals absolute Daten zuzuordnen, womit man »geochronologische Einheiten« mit bekannten Bildungsdaten erhielt.

Die radiometrische Datierung beruht auf der Tatsache, dass einige Elemente in verschiedenen Isotopen (Varianten mit unterschiedlichen Neutronenzahlen) vorliegen, die radioaktiv sind und unterschiedliche Zerfallsraten oder »Halbwertszeiten« aufweisen, in denen sie sich in andere Elemente und Isotope umwandeln. Das am meisten verbreitete Kohlenstoffisotop ist Kohlenstoff-12 (oder ^{12}C) mit 6 Protonen + 6 Neutronen. Kohlenstoff-12 ist stabil und zerfällt nicht. Doch Kohlenstoff kommt auch in der Natur in Form von Kohlenstoff-14 (oder ^{14}C) mit 8 Neutronen vor. Dieser Kohlenstoff ist radioaktiv und zerfällt in einer Zeit von 5.730 Jahren (Halbwertszeit) zur Hälfte seiner Masse. Durch die Messung der relativen Mengen unterschiedlicher Isotope in einer Gesteinsprobe oder einem anderen Material lässt sich aus der Menge jedes verbliebenen Isotops und seiner relativen Halbwertszeit das absolute Alter errechnen. Während die Halbwertszeit von Kohlenstoff-14 mit 5.730 Jahren kurz ist, womit seine Verwendung für die Datierung kohlenstoffreicher Materialien auf das Alter von circa 40.000 Jahren beschränkt ist, kommen bei manchen Elementen wie beispielsweise Uran Isotope mit einer Halbwertszeit von Hunderten Millionen Jahren vor, womit sie sich für die Datierung chronostratigraphischer Einheiten eignen, die mehr als eine Milliarde Jahre alt sind.

1913 wurde mithilfe der radiometrischen Datierung das Alter einer Gesteinsprobe auf 1,6 Milliarden Jahren bestimmt. Und das war erst der Anfang. Mit der absoluten Datierung und der absoluten Geochronologie konnten geologische Zeitskalen mit verbundenen Zeit- und Gesteinseinheiten erstellt werden. Außerdem fand man in der Stratigraphie weitere Verfahren wie die Chemostratigraphie, die es ermöglicht, stratigraphische Einheiten auf der Grundlage ihrer genauen chemischen und isotopischen Zusammensetzung zu identifizieren und miteinander in Beziehung zu setzen, sowie die Magnetostratigraphie, mit der das Alter von Einheiten im Verhältnis zu den rekonstruierten Veränderungen der magnetischen Erdpolung bestimmt werden kann. Letztlich konnten durch die radiometrische Datierung in Kombination mit diesem erweiterten Spektrum stratigraphischer Verfahren über 4 Milliarden Jahre der Erdgeschichte bis ins kleinste Detail rekonstruiert werden.

Die geologische Zeitskala

Die geologische Zeitskala führt die Arbeit mehrerer Stratigraphengenerationen zu einer einzigen standardisierten Geochronologie zusammen (Abbildung 9). Diese ungeheure Koordinierung wissenschaftlicher Arbeit wurde durch die Bildung der International Commission on Stratigraphy (ICS) im Jahr 1974 beschleunigt, die als Arbeitsgruppe innerhalb der International Union of Geological Sciences, dem internationalem Koordinierungsorgan für die Geologie, angesiedelt ist.

Von Anfang an lag der Schwerpunkt der ICS darauf, die Erdgeschichte in einer geologischen Zeitskala auf Grundlage einer standardisierten Hierarchie chronostratigraphischer Einheiten darzustellen. Äonen sind dabei die größten Einheiten, sie sind unterteilt in aufeinanderfolgende kürzere Einheiten von Ären, Perioden, Epochen und Zeitalter. Dass es der ICS gelang, eine solch saubere Struktur der geologischen Zeit zu erstellen, ist umso bemerkenswerter, wenn man bedenkt, dass darin die stratigraphische Forschung an Orten auf der ganzen Welt seit dem Ende des 18. Jahrhunderts integriert wurde. So führte

Äon	Ära	Periode	Serie / Epoche GSSP	Alter (Ma)
Phanerozoic	Cenozoic	Quaternary	Holocene	0.0117
Phanerozoic	Cenozoic	Quaternary	Pleistocene	2.58
Phanerozoic	Cenozoic	Neogene	Pliocene	5.333
Phanerozoic	Cenozoic	Neogene	Miocene	23.03
Phanerozoic	Cenozoic	Paleogene	Oligocene	33.9
Phanerozoic	Cenozoic	Paleogene	Eocene	56.0
Phanerozoic	Cenozoic	Paleogene	Paleocene	66.0
Phanerozoic	Mesozoic	Cretaceous	Upper	100.5
Phanerozoic	Mesozoic	Cretaceous	Lower	~ 145.0

Äon	Ära	Periode	Serie / Epoche GSSP	Alter (Ma)
				~ 145.0
Phanerozoic	Mesozoic	Jurassic	Upper	163.5 ±1.0
Phanerozoic	Mesozoic	Jurassic	Middle	174.1 ±1.0
Phanerozoic	Mesozoic	Jurassic	Lower	201.3 ±0.2
Phanerozoic	Mesozoic	Triassic	Upper	~ 237
Phanerozoic	Mesozoic	Triassic	Middle	247.2
Phanerozoic	Mesozoic	Triassic	Lower	251.902 ±0.024
Phanerozoic	Paleozoic	Permian	Lopingian	259.1 ±0.5
Phanerozoic	Paleozoic	Permian	Guadalupian	272.95 ±0.11
Phanerozoic	Paleozoic	Permian	Cisuralian	298.9 ±0.15
Phanerozoic	Paleozoic	Carboniferous – Pennsylvanian	Upper	307.0 ±0.1
Phanerozoic	Paleozoic	Carboniferous – Pennsylvanian	Middle	315.2 ±0.2
Phanerozoic	Paleozoic	Carboniferous – Pennsylvanian	Lower	323.2 ±0.4
Phanerozoic	Paleozoic	Carboniferous – Mississippian	Upper	330.9 ±0.2
Phanerozoic	Paleozoic	Carboniferous – Mississippian	Middle	346.7 ±0.4
Phanerozoic	Paleozoic	Carboniferous – Mississippian	Lower	358.9 ±0.4

Äon	Ära	Periode	Serie / Epoche	Alter (Ma)
				358.9 ± 0.4
Phanerozoic	Paleozoic	Devonian	Upper	382.7 ±1.6
			Middle	393.3 ±1.2
			Lower	419.2 ±3.2
		Silurian	Pridoli	423.0 ±2.3
			Ludlow	427.4 ±0.5
			Wenlock	433.4 ±0.8
			Llandovery	443.8 ±1.5
		Ordovician	Upper	458.4 ±0.9
			Middle	470.0 ±1.4
			Lower	485.4 ±1.9
		Cambrian	Furongian	~ 497
			Series 3	~ 509
			Series 2	~ 521
			Terreneuvian	541.0 ±1.0

Äon		Ära	Periode	Alter (Ma)
				541.0 ±1.0
Precambrian	Proterozoic	Neo-proterozoic	Ediacaran	~ 635
			Cryogenian	~ 720
			Tonian	1000
		Meso-proterozoic	Stenian	1200
			Ectasian	1400
			Calymmian	1600
		Paleo-proterozoic	Statherian	1800
			Orosirian	2050
			Rhyacian	2300
			Siderian	2500
	Archean	Neo-archean		2800
		Meso-archean		3200
		Paleo-archean		3600
		Eo-archean		4000
	Hadean			~ 4600

Die unteren Grenzen der Einheiten aller Hierarchiestufen, auch die von Archaikum und Proterozoikum, die schon längst durch Global Standard Stratigraphic Ages (GSSA) identifiziert sind, werden zurzeit als Global Boundary Stratotype Section and Points (GSSP) definiert. Tabellen und detaillierte Informationen über bestätigte GSSPs stehen auf der Website www.stratigraphy.org zur Verfügung.

Die numerischen Altersangaben werden ständig einer Revision unterzogen und definieren keine Einheiten im Phanerozoikum und im Ediacarium; das tun nur GSSPs. Für Grenzen im Phanerozoikum ohne bestätigte GSSPs oder ohne eingegrenzte Altersangaben wird ein annäherndes Alter (~) angegeben.

Numerische Altersangaben für alle Systeme mit Ausnahme von Altpleistozän, Jungpaläogen, Kreidezeit, Trias, Perm und Präkambrium sind entnommen aus »A Geologic Time Scale 2012« von Gradstein u. a. (2012); die numerischen Altersangaben für diese Intervalle stammen von den entsprechenden ICS-Ausschüssen.

Abbildung 9 | Die geologische Zeitskala der International Commission for Stratigraphy (ICS; engl. Begriffe) mit Äonen, Ären, Perioden und Epochen (2017); Ma = Millionen Jahre vor heute.

beispielsweise Leopold von Buch, ausgehend von Alexander von Humboldts Studien von Felsformationen im Schweizer Juragebirge im Jahr 1795, 1839 die Jurazeit ein. Seit der ersten Veröffentlichung 1982 wird die geologische Zeitskala regelmäßig überarbeitet und auf den neuesten Stand gebracht, da immer wieder neue paläontologische Funde gemacht werden und sich die Datierungsmethoden verbessern.

In der geologischen Zeitskala werden 4,55 Milliarden Jahre Erdgeschichte in chronostratigraphische Einheiten unterteilt, die viele Schlüsselereignisse in der Erdgeschichte erfassen, andere jedoch nicht. Von den fünf Massenaussterben in der Erdgeschichte, die gemeinhin anerkannt werden und in denen eine außerordentlich große Zahl von Arten innerhalb kurzer Zeit ausstarb, fallen vier mit Periodengrenzen zusammen. Das dramatischste Artensterben, bei dem beinahe das Leben auf der Erde insgesamt ausgelöscht wurde, fand am Ende des Perms statt und wird heute auf die Zeit vor 252 Millionen datiert, während die berühmteste, die Auslöschung der nicht vogelartigen Dinosaurier und Meeresreptilien, auf die Kreide-Paläogen-Grenze (früher als Kreide-Tertiär- oder K-T-Grenze bezeichnet) vor 66 Millionen Jahren fällt. Deutliche Fossilfunde mehrzelliger Lebewesen und intensive Grabtätigkeiten an der unteren Grenze des Kambriums vor 541 Millionen begründen unser gegenwärtiges Äon, das Phanerozoikum (die »Zeit sichtbaren Lebens«).

Die geologische Zeitskala zeigt jedoch keine geologische Grenze, die den Ursprung des Lebens markiert (irgendwann zu Beginn des Archaikums), für die ersten photosynthetisierenden, Sauerstoff produzierenden Organismen (im Paläoproterozoikum), für die ersten mehrzelligen Lebewesen oder das

Auftreten von primitiven Pflanzen an Land (beides im späten Neoproterozoikum), ja nicht einmal für das erste Auftreten von Tieren an Land (wahrscheinlich im Silur). Die Gründe dafür sind rein pragmatischer Natur. Ohne identifizierbare stratigraphische Marker können auch die wichtigsten Meilensteine in der Erdgeschichte nicht in die geologische Zeitskala eingeführt werden.

Die Ereignisse in der Erdgeschichte, die in der geologischen Zeitskala markiert sind, sind nur solche, die klare und erkennbare globale stratigraphische Signaturen hinterlassen haben, wie die iridiumreiche Schicht, die durch einen massiven Meteoriteneinschlag – laut einer Hypothese Ursache für das Aussterben der Dinosaurier – abgelagert wurde. Die Oxigenierung durch photosynthetisierende Organismen, zweifellos eine der größten Veränderungen des Erdsystems, die je stattgefunden haben, zog sich einfach zu lange hin, um einen identifizierbaren stratigraphischen Marker zu setzen. Im Gegensatz dazu markieren leicht identifizierbare Tierfossilien – die wichtigste Grundlage für die Biostratigraphie – einen tiefen Spalt in der geologischen Zeitskala, die Kluft zwischen unserem gegenwärtigen Äon, dem Phanerozoikum, und dem Präkambrium – ein allgemeiner Terminus für die gesamten 4,06 Milliarden Jahre Erdgeschichte davor. Dies gilt, obwohl mehrzellige Tiere schon Zigmillionen Jahre vor dieser Zeit auftauchten; aber diese ersten Spezies hatten einen weichen Körper, der kaum klar konturierte Fossilien hinterließ.

Die Methoden der Stratigraphie sind klar. Transformative Ereignisse im Erdsystem reichen nicht aus. Um Eingang in die geologische Zeitskala zu finden, muss ein Ereignis die richtige Art von stratigraphischen Spuren hinterlassen haben.

Goldnägel

Die geologische Zeitskala wird mithilfe stratigraphischer Grenzen in zeitliche Intervalle unterteilt, wobei die Untergrenze zugleich die Obergrenze des vorherigen Intervalls bildet (man spricht auch von »Grenzstratotypen«). Seit 1977 werden diese Grenzen mithilfe von identifizierten Markern definiert und innerhalb stratigraphischer Sequenzen datiert, in der Regel sind dies biostratigraphische Signaturen wie etwa das erste Auftauchen eines fossilen Organismus. Diese definierten und datierten Marker, informell auch als »Golden spikes« (Goldnägel) bezeichnet, identifizieren einen »bestimmten Punkt in einer bestimmten Sequenz von Gesteinsschichten« und werden offiziell als Global Boundary Stratotype Sections und Points (GSSP; Grenzstratotyp-Profil und Grenzstratotyp-Punkte) bezeichnet.

Die Markierung aller Zeitgrenzen in der geologischen Zeitskala mit GSSPs ist ein fortschreitender Prozess. Wegen des Mangels an fossilen Zeugnissen werden die präkambrischen Grenzen meist durch chronologische Zeiten oder sogenannte Global Standard Stratigraphic Ages (GSSA) statt durch GSSPs bestimmt. Aber letztlich will man alle Zeitintervalle in der geologischen Zeitskala mit durch Fachleute geprüften und veröffentlichten GSSPs kennzeichnen.

GSSPs sind viel mehr als nur mit einem Datum versehene Punkte im Gestein. Nach der Markierung eines bestimmten Punktes innerhalb einer bestimmten stratigraphischen Sequenz wird jeder GSSP offiziell registriert und an einem zugänglichen Ort unter Schutz gestellt, um weitere Studien zu ermöglichen.

Abbildung 10 | Beispiel für einen Global Boundary Stratotype Section and Point (GSSP) oder »Goldnagel«, der die untere Grenze des Ediacariums markiert, zu finden in Ediacara, Südaustralien.

So wurde beispielsweise der GSSP, der die präkambrisch-kambrische Grenze markiert, an der Stelle des ersten Erscheinens der charakteristischen Fossilspuren von *Treptichnus pedum*, einer grabenden Spezies, in der Gesteinssequenz eines Naturschutzparks im neufundländischen Fortune Head (das »Fortunian GSSP«, Abbildung 10) gesetzt.

Einige GSSPs werden am Ort ihrer Entdeckung mit einem echten »goldenen Nagel« aus Metall versehen, aber erforderlich ist das nicht. Verlangt wird hingegen, dass jeder GSSP das »bestmögliche« Bild sowohl des Grenzmarkers wie auch der stratigraphischen Sequenz darüber und darunter zeigt. Ein wichtiges Anliegen besteht darin, dass die durch GSSP bezeichnete Grenze »isochron« ist, das heißt eine chronostratigraphische Einheit darstellt, die *gleichzeitig* an verschiedenen Orten auf der ganzen Welt identifiziert werden kann, im Gegensatz zu einer »diachronen« Einheit, deren Alter von Ort zu Ort variiert. Um die Wahl diachroner Marker zu vermeiden, müssen mannigfache stratigraphische Sequenzen an verschiedenen Stellen weltweit angeschaut und zusammen als »globale Synthese« untersucht werden. Darüber hinaus sollte der ideale GSSP auch mithilfe radiometrischer oder anderer zuverlässiger Techniken datierbar sein und viele eindeutige Marker, sowohl biostratigraphische wie auch andere (magnetostratigraphische, chemostratigraphische), enthalten, die in stratigraphischen Sequenzen auf der ganzen Welt zeitlich miteinander in Beziehung gesetzt werden können. Wie wir sehen werden, wurde die Notwendigkeit, diachrone Marker – und damit diachrone Umweltprozesse – zu verwerfen, bei Debatten um die Definition eines GSSP für das Anthropozän klar.

Insgesamt sind diese strikten Anforderungen oft schwer zu erfüllen. In der Regel sind für zahlreiche stratigraphische Probleme pragmatische Lösungen erforderlich. Für die vollständige Ausarbeitung eines einzigen GSSP-Vorschlags bedarf es jahrelanger akribischer Forschung. Wenn die Bedingungen erfüllt sind, wird der Vorschlag einer Arbeitsgruppe von Kollegen begutachtet. Wenn die Abstimmung über den GSSP in der Arbeitsgruppe, im übergeordneten Ausschuss, im ICS selbst und schließlich auch im Vorstand der International Union of Geological Sciences positiv ausfällt, kann der GSSP gebilligt und in die geologische Zeitskala eingetragen werden. Durch dieses formelle, internationale, wissenschaftlich-institutionelle Verfahren wird die Geschichte der Erde mit den physikalischen Einträgen der Erdgeschichte im Gestein verbunden. Es könnte sein, dass dieser Prozess zur Einführung einer geologisch definierten anthropozänen Epoche als neuestem Zeitintervall in der geologischen Zeitskala führt.

Das Quartär

Die jüngste Periode der Erde, das Quartär, begann vor 2,6 Millionen Jahren, und darum ist es das Intervall, in das die anthropozäne Epoche höchstwahrscheinlich eingefügt würde. Die Einführung des Quartärs reicht bis tief in die Frühzeit der Stratigraphie und zeigt beispielhaft die Schwierigkeiten und Chancen der geologischen Zeitbestimmung. Als die einzige verbliebene »Ordnung« von Arduinos Erdkalender mit seinen vier »Ordnungen« von 1759, die noch in der geologischen Zeitskala vorkommt, wurde das Quartär fünf Jahre lang aus der Skala verbannt und erst 2009 wieder aufgenommen. Darüber hinaus hat die Tatsache, dass sich unsere Spezies ausschließlich innerhalb des Quartärs entwickelt hat, zu anderen Bezeichnungen angeregt – beispielsweise bevorzugten sowjetische Geologen in den 1980er-Jahren den Begriff »Anthropogän« (bzw. »Anthropogene«).

Das Quartär ist in der Erdgeschichte eine relativ kalte Zeit, die auch als »gegenwärtiges Eiszeitalter« bezeichnet wird. Es unterscheidet sich von der neogenen Periode vor ihr durch intensivere glaziale/interglaziale Kreisläufe und ausgedehntere kontinentale Eisschilde in ihren kalten, glazialen Intervallen. Für diese 2,6 Millionen Jahre dauernde Periode gibt es im Allgemeinen eine Fülle von stratigraphischen Zeugnissen, die zudem differenzierter sind als die früherer Zeiten. Aus diesem Grund konnten Geologen auch eine Vielzahl aufeinanderfol-

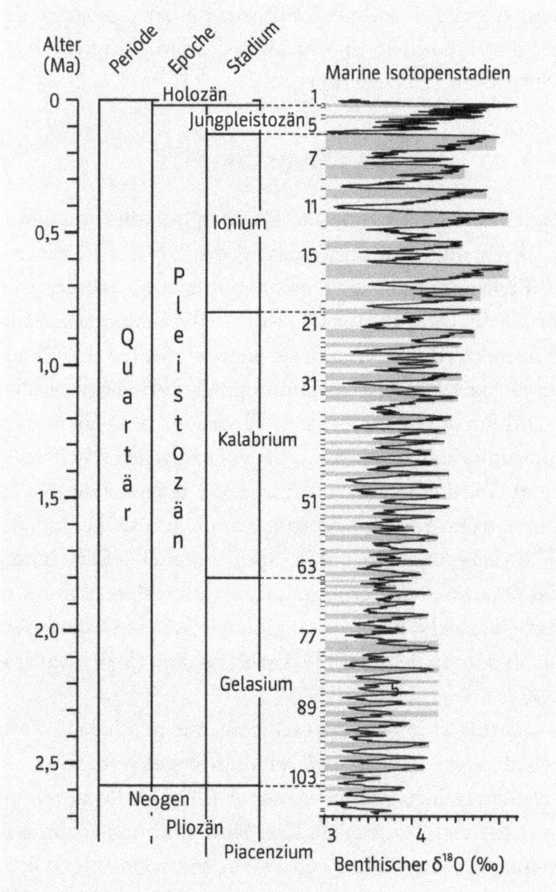

Abbildung 11 | Zeitskala des Quartärs im Vergleich zu marinen Isotopenstadien (MIS). MIS sind durch große globale Temperaturveränderungen gekennzeichnet, auf die Veränderungen der Sauerstoffisotope ($\delta^{18}O$) hinweisen; MIS1 überlappt sich mit dem Interglazial des Holozäns.

gender Zeugnisse von Veränderungen im Erdsystem rekonstruieren sowie die diskreten Grenzen, die in der geologischen Zeitskala verwendet werden. Beispielsweise hat man die glazialen/ interglazialen Kreisläufe des Quartärs detailliert rekonstruiert, indem man Veränderungen in den Sauerstoffisotopenstadien von Sedimentkernen der Tiefsee gemessen hat (Abbildung 11).

Das leichtere Sauerstoffisotop 16-O steigt leichter aus dem Meer auf und hinterlässt mit dem schwereren 18-O angereichertes Wasser. Wenn sich in glazialen Intervallen Eis auf dem Land bildet, wird 16-O in diesem eingeschlossen, sodass der Gehalt von 18-O in Meeren und Sedimenten noch weiter steigt. Indem man das Verhältnis von 18-O zu 16-O über längere Zeiträume hinweg in Sedimenten misst, kann man daraus mit beträchtlicher Genauigkeit Rückschlüsse auf die Erwärmung und Abkühlung der Erde ziehen. Ausgehend von der Gegenwart, wurde jedes »Stadium« des warmen interglazialen und kühlen glazialen Zyklus in einem weitverbreiteten System »Mariner Isotopenstadien« (MIS) nummeriert, beginnend mit MIS 1 für das gegenwärtige warme Interglazial (das Holozän), dem MIS 2 als das »letzte glaziale Maximum« vorausging, und so weiter bis zurück zum Beginn des Pliozän. Diese zyklischen Stadien wurden zudem mit langfristigen Veränderungen im atmosphärischen Kohlendioxidgehalt und anderen in Eiskernen gemessenen Spurengasen in Zusammenhang gestellt und werden in der Regel bei der Rekonstruktion ökologischer und archäologischer Zeitlinien verwendet.

Der Großteil des Quartärs besteht aus den vielen glazialen/ interglazialen Kreisläufen des Pleistozäns (»jüngste Vergangenheit«). Das Holozän (»das völlig Neue«) begann erst vor 11.700 Jahren und markiert den Wechsel zu unserem gegenwär-

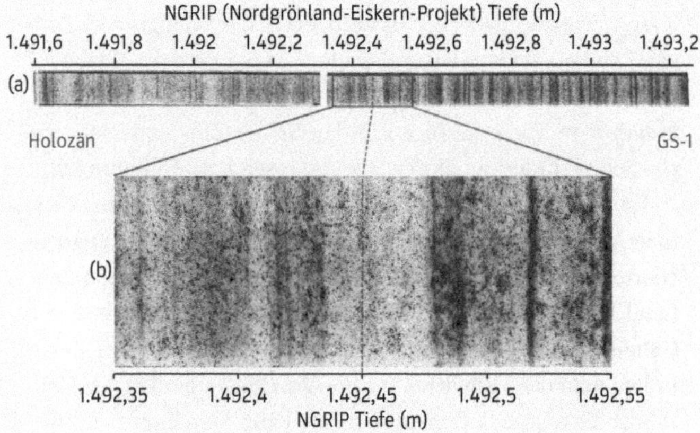

Abbildung 12 | Der Holozän-GSSP. Die untere Grenze des Holozäns ist in einer Tiefe von 1.492,45 Metern in einem aus dem grönländischen Eisschild gebohrten Eiskern markiert.

tigen warmen interglazialen Intervall. Das Holozän ist insofern einzigartig, als seine untere Grenze durch einen GSSP in einem festen Eiskern markiert ist, der in Grönland ausgebohrt wurde (Abbildung 12). Eis ist eine Art Gestein (ein mineralischer Feststoff), und der grönländische Eisschild besteht aus jährlich gebildeten Schneeschichten, die sich im Lauf der Zeit verdichtet haben. Die stratigraphischen Zeugnisse, die man in Kontinentaleis findet, sind genauer definiert und konsistenter als die in Meeressedimenten, die durch die Bewegung von Tieren (»Bioturbation«) und andere Prozesse oft vermischt und durcheinandergebracht werden. Obwohl der holozäne GSSP den Beginn des gegenwärtigen Interglazials markieren soll (wie die Sedimentzeugnisse, die MIS 1 markieren), liefern die Funde im Eis daher eine genauere Anfangszeit, als es mit Meeressedimenten möglich wäre (11.700 ±100 vor unserer Zeit).

Das Quartär dient seit Langem als Testfeld für neue Techniken und die Theorie der geologischen Zeit, etwa in Bezug auf Methoden für das Zurückrechnen von der Gegenwart aus, für die Verwendung von Eiskernen und die Rekonstruktion detaillierter und durchgängiger Zeitlinien mithilfe isotopischer Methoden, der radiometrischen Datierung und der Chemostratigraphie. Um das Anthropozän als geologische Einheit in der geologischen Zeitskala zu definieren, sind jedoch möglicherweise noch neuere stratigraphische Verfahren notwendig.

Die Arbeitsgruppe Anthropozän

2009 schlug der ICS-Ausschuss für die Quartär-Stratigraphie Jan Zalasiewicz, Professor an der Leicester University in Großbritannien und Experte in Biostratigraphie, vor, eine Arbeitsgruppe Anthropozän (AWG für Anthropocene Working Group) zu bilden. Sie sollte nur eine einzige Aufgabe haben: zu überprüfen, ob es Gründe gebe, ein neues Intervall geologischer Zeit auf der Grundlage »weitreichender Auswirkungen anthropogener Einflüsse auf stratigraphisch signifikante Parameter« zu etablieren. Mit anderen Worten, sollte diese Arbeitsgruppe prüfen, ob man die Periode des Quartärs in der geologischen Zeitskala durch die Einführung der Untergrenze einer möglichen anthropozänen Epoche weiter unterteilen könne, idealerweise durch einen neuen GSSP. Die Arbeitsgruppe wurde binnen eines Jahres unter dem Vorsitz von Zalasiewicz auf die Beine gestellt und hatte 16 Mitglieder, etwa die Hälfte davon Stratigraphen. Der Rest verteilt sich auf verschiedene Umwelt-

Abbildung 13 | Potenzielle Korrekturen des Quartärs, die ein Anthropozän einschließen.
(a) Bisherige geologische Zeitskala (GTS 2012; die Zahlen rechts geben jeweils Millionen Jahre an).
(b) Option 1: Die holozäne Epoche endet, ihr folgt eine anthropozäne Epoche.
(c) Option 2: Das Holozän wird durch eine anthropozäne Epoche ersetzt und zu einem Stadium im Pleistozän herabgestuft (diese Option wird derzeit von der Arbeitsgruppe Anthropozän in Erwägung gezogen).

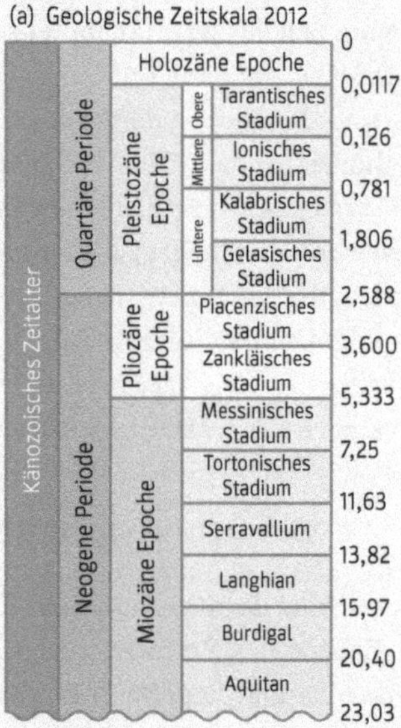

wissenschaftler mit Expertise in anthropogenen globalen Veränderungen wie etwa Paul Crutzen, Will Steffen und ich selbst, und sogar ein Anwalt, Davor Vidas, ein Experte für Seerecht.

In Teilzeit und ohne Finanzierung nahm die AWG nur langsam ihre Arbeit auf. Im Gegensatz zu vorherigen Intervallen geologischer Zeit verlangte die stratigraphische Grundlage für die Einführung des Anthropozän »einen sorgfältigen Vergleich des gegenwärtigen Grads und der Rate der durch anthropogene Prozesse verursachten Umweltveränderungen mit den Umweltstörungen der Vergangenheit«. Dies war eine für die Stratigraphie neue Anforderung. Außerdem waren im Gegen-

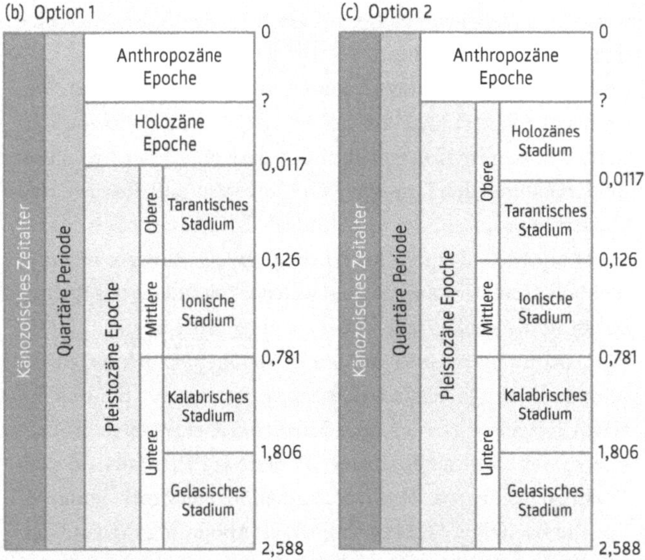

satz zu früheren Intervallen Daten über jüngere Veränderungen im Erdsystem, die einen stratigraphischen Eintrag hinterlassen hatten – sowohl natürliche als auch anthropogene –, in Hülle und Fülle vorhanden, angefangen von Veränderungen im Weltklima und in der Zusammensetzung der Atmosphäre über die Meereschemie, Biodiversitätsverluste, Umweltverschmutzung, Zunahme der Bodenerosion bis hin zu massiven Veränderungen der Landschaften über ganze Regionen hinweg. Die Entflechtung dieser Überfülle von Daten machte die Arbeit schwieriger, nicht leichter. Darüber hinaus gab es Fragen hinsichtlich des Nutzens der Formalisierung des Anthropozän für die Geologie – Fragen, die bis heute debattiert werden. Glücklicherweise dauert es noch Jahre, bis ein formaler GSSP-Vorschlag notwendig werden sollte.

Zalasiewicz' Frage, ob wir uns im Anthropozän befinden, war vielleicht nicht einmal die schwierigste. In der Wissenschaft herrschte bereits Konsens darüber, dass eine Transformation der Erde durch den Menschen im Gange war und dieser reichliche stratigraphische Einträge hinterließ. In der Praxis ist daher die Hauptfrage, vor der die Arbeitsgruppe Anthropozän stand, nicht ob, sondern wann und auf welcher Grundlage das Anthropozän in die geologische Zeitskala eingeführt werden könnte. Ein Anthropozän-GSSP könnte in Sedimentschichten, in Eis oder anderen Materialien oder sogar chronologisch durch ein GSSA festgelegt werden. Die Möglichkeit eines (neuen) Zeitalters oder sogar einer (neuen) Periode lag ebenfalls auf dem Tisch, allerdings war eine durch einen »Goldnagel« definierte Epoche zweifellos das bevorzugte Ziel (Abbildung 13). Und hier wurden bereits mehrere mögliche Marker in Betracht gezogen.

Paul Crutzen hatte das Anthropozän mit dem Ende des 18. Jahrhunderts und der industriellen Revolution in Zusammenhang gestellt, also mit der Verbrennung fossiler Energieträger, die einen Aufwärtsknick des atmosphärischen Kohlendioxidgehalts über den für das Holozän typischen Anteil hinaus verursachte. Auf dieser Hypothese aufbauend, sprach sich Will Steffen für die Mitte des 20. Jahrhunderts als den Hauptausgangspunkt für den Beginn des Anthropozän aus, da um diese Zeit eine »Große Beschleunigung« der menschlichen Aktivitäten festzustellen sei. Der Geologe Bill Ruddiman schlug sogar vor, den Beginn des Anthropozän bei Tausenden Jahren vor der industriellen Revolution anzusetzen, als Ergebnis weitverbreiteter Rodungen für die Landwirtschaft, die zur Freisetzung von Kohlendioxid und Methan und damit möglicherweise auch zu einem Klimawandel führten. All diese Hypothesen boten Aussicht auf einen Anthropozän-GSSP. Doch von einer pragmatischen stratigraphischen Perspektive aus lieferte nur eine Hypothese eine relativ einfache, unzweideutige Grundlage für einen weltweiten, isochronen stratigraphischen Marker: die Verbreitung radioaktiven Fallouts von Atomwaffentests, die mit dem Trinity-Test von 1945 ihren Anfang nahm.

KAPITEL 4

Die Große Beschleunigung

Für Will Steffen und andere Wissenschaftler des Internationalen Geosphären-Biosphären-Programms (IGBP) war die These, dass Menschen die Funktionsweise des Erdsystems veränderten, nicht neu. Bereits seit Jahrzehnten häuften sich Belege dafür. Und bei Umweltwissenschaftlern war die These längst fest etabliert. Die Herausforderung für Steffen und sein Team, die 1999 vom IGBP beauftragt worden waren, ein Jahrzehnt der Erdsystemforschung aufzuarbeiten, bestand darin, dass das Material alles andere als knapp war. Wie sollte man aus der Sicht der Erdsystemwissenschaft Tausende Artikel und Berichte zu einem kohärenten Überblick über die globalen Umweltveränderungen zusammenfassen?

Angeregt von Crutzens Anthropozän-These, konzentrierte sich das Team auf die von Menschen ausgelösten Veränderungen des Erdsystems durch die industrielle Revolution. Die Wissenschaftler sammelten Berichte über menschliche Aktivitäten und Umweltveränderungen seit 1750 – bevor James Watt die Dampfmaschine erfand – und stellten die Dynamik der beiden Variablen bis zum Jahr 2000 grafisch dar. Zwar bestätigten die Belege deutlich eine Transformation des Erdsystems durch den Menschen, doch was sie dabei herausfanden, war überraschend.

Der 2001 erschienene, inzwischen zum Klassiker gewordene Bericht des IGBP mit dem Titel »Global Change and the Earth System: A Planet under Pressure« zeigte nicht etwa eine kontinuierliche Zunahme der Erdveränderungen, als die Industrielle Revolution Fahrt aufnahm und sich auf der ganzen Welt ausbreitete. Vielmehr war ein drastischer Sprung in der Rate menschengemachter und ökologischer Veränderungen erst in der Mitte des 20. Jahrhunderts zu erkennen. Dargestellt auf zwei Tafeln mit zwölf Kurven, offenbarte ihre Arbeit einen verblüffenden Wendepunkt bei praktisch allen untersuchten menschlichen Aktivitäten und Veränderungen im Erdsystem, der um 1950 lag. Seither steigen die Veränderungsraten weitaus steiler und in manchen Fällen fast exponentiell an (Abbildungen 14 und 15).

Die Botschaft der Erdsystemwissenschaft war klar. Seit den 1950er-Jahren brachten Menschen die Erde als System in einen neuen, nie da gewesenen Zustand. So heißt es in dem Bericht:

> »In den letzten 50 Jahren hat sich zweifellos die rapideste Veränderung der menschlichen Beziehung zur Natur in der Geschichte der Menschheit vollzogen (...) Die Größenordnung, das räumliche Ausmaß und die Geschwindigkeit der vom Menschen verursachten Veränderung sind in der Menschheitsgeschichte und vielleicht sogar in der Erdgeschichte beispiellos: Das Erdsystem befindet sich mittlerweile in einem ›nicht analogen Zustand‹.«

2005 wurde in Anlehnung an Karl Polanyis *The Great Transformation* der Begriff »The Great Acceleration« (»Die Große

Beschleunigung«) geprägt und machte in Wissenschaftskreisen die Runde als allgemeiner Terminus für den dramatischen Entwicklungssprung in der menschengemachten globalen ökologischen Veränderung Mitte des 20. Jahrhunderts. Die Grafiken, die diese Veränderungen illustrierten, sollten bald innerhalb wie außerhalb der Wissenschaftsgemeinde zum Symbol für das Anthropozän werden. Aus der Perspektive des Erdsystems begann das Anthropozän also Mitte des 20. Jahrhunderts.

Ein Planet unter Druck

Indem der Bericht »Global Change and the Earth System« ein breites Spektrum menschlicher und ökologischer Veränderungen als Grundlage für ein Verständnis der Veränderungen im Erdsystem darlegt, lieferte er nicht nur Argumente für ein neues Intervall in der Erdgeschichte, sondern auch für die Notwendigkeit, die anthropogenen globalen ökologischen Veränderungen als eine Reihe komplexer, multikausaler Prozesse auf Systemebene zu betrachten, die das gesamte Erdsystem beeinflussen. Menschen veränderten aber nicht nur die Erdatmosphäre und das Erdklima, sondern verursachten auch globale Veränderungen in der Artenvielfalt, verschmutzten die Ozeane mit Düngerabfluss aus der Landwirtschaft, lenkten Flüsse um und transformierten natürliche Habitate weltweit. Die menschlichen Einflüsse in der globalen Umwelt konnten nicht mehr einfach nur auf die Verbrennung fossiler Energieträger oder die Produktion von synthetischen Chemikalien beschränkt werden. Bevölkerungswachstum, die »Domestizierung« von Land für die Landwirtschaft, ökonomische Entwicklungen und sogar

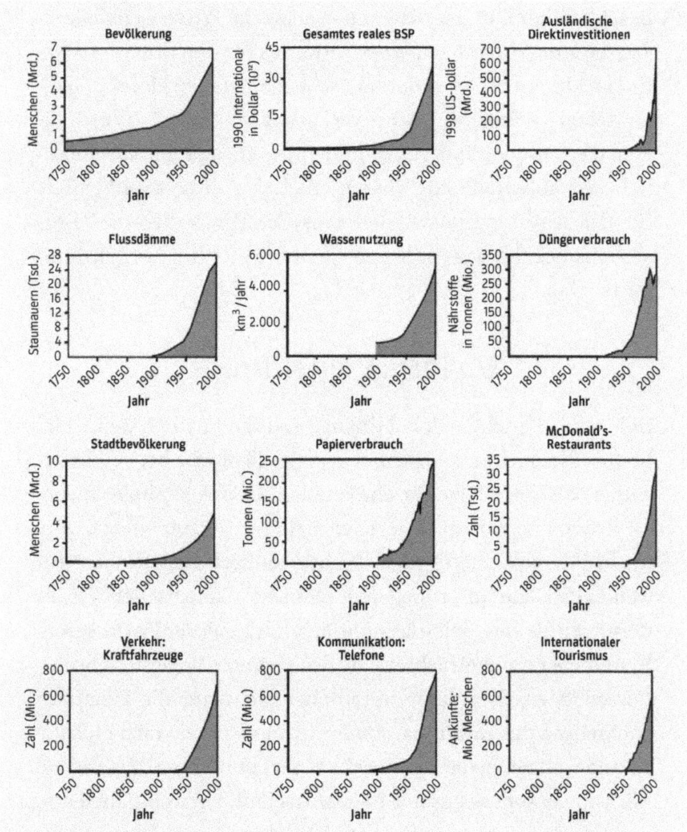

Abbildung 14 | Die Große Beschleunigung: Entwicklung der menschlichen Aktivitäten seit 1750.

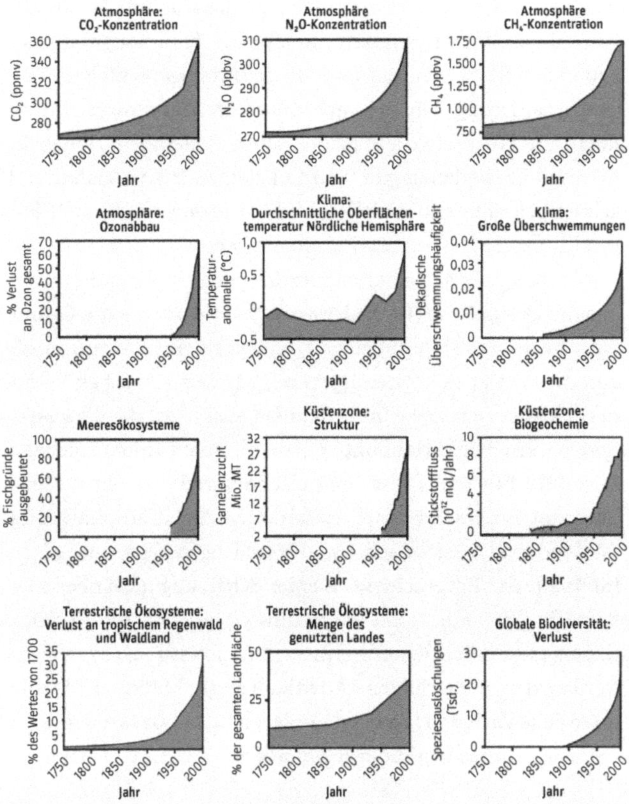

Abbildung 15 | Die Große Beschleunigung: Veränderungen im Erdsystem seit 1750.

direkte ausländische Investitionen, all das war Teil der Mixtur menschlicher Antriebskräfte, welche die Funktionsweise der Erde als System veränderten. Die anthropogene globale Umweltveränderung war ein mehrdimensionaler Prozess. Mehr noch, die Wechselwirkungen zwischen den vielen Dimensionen und Kaskadeneffekte vom Lokalen zum Regionalen und schließlich zum Globalen könnten zu unvorhersehbaren Folgen für das Erdsystem als Ganzem führen.

Um die globale Bedeutung anthropogener Veränderungen aus der Perspektive des Erdsystems zu erkennen – die Grundlage für die Feststellung eines Wandels zu einer »anthropozänen Ära« – war es notwendig zu zeigen, dass Menschen Veränderungen der Prozesse im Erdsystem auslösten, die über »das Maß natürlicher Variabilität« hinaus zu einem »nicht analogen Zustand« führten. Diese »natürliche Variation« eines Merkmals des Erdsystems wie Temperatur oder atmosphärisches Kohlendioxid musste zunächst in Form langfristiger, über ganze Intervalle der Erdgeschichte – einer Schätzung nach über eine halbe Million oder mehr Jahre hinweg – beobachteter Variationsmuster beschrieben werden. Dann musste nachgewiesen werden, dass menschliche Aktivitäten dieses Merkmal über die natürliche Variation hinaus verändert hatten. Lokale oder sogar regionale Umweltveränderungen würden nicht ausreichen.

Die Domestizierung von Land

Menschen begannen mit der Nutzung von Land für Landwirtschaft und Siedlungen vor über 10.000 Jahren. Aber Größenordnung, Ausmaß, Intensität und die Raten der Umwidmung von Land für den menschlichen Gebrauch nahmen im Industriezeitalter drastisch zu. Die internationalen Schätzungen der gegenwärtigen Landnutzung variieren, zeigen aber im Allgemeinen, dass zurzeit 40 bis 50 Prozent der eisfreien terrestrischen Erdoberfläche für Land- und Forstwirtschaft und menschliche Siedlungen genutzt werden. Etwa 11 Prozent der Landfläche werden auf den Anbau von Nutzpflanzen, 25 Prozent für die Beweidung durch Nutztiere und 1 bis 3 Prozent auf städtische und andere Siedlungen und Infrastruktur verwendet. Weitere 2 bis 10 Prozent der Landfläche der Erde dienen der Forstwirtschaft oder der Produktion von Nutzholz, Brennstoff, Papier, Kautschuk und anderen Materialien. Von demjenigen Land, welches *nicht* in dieser Weise direkt der intensiven Bewirtschaftung dient, wird mindestens die Hälfte durch lokale Brennstoffsammlung, Jagd, Nahrungssuche, Umweltverschmutzung und andere menschliche Einflüsse geprägt. Folglich wurden drei Viertel der terrestrischen Biosphäre direkt oder indirekt durch die menschliche Landnutzung verändert. Weniger als ein Viertel ist noch frei von direkten Auswirkungen menschlicher Aktivitäten, und diese Landflächen befinden sich vor allem in weniger produktiven, kälteren und trockeneren Regionen der terrestrischen Biosphäre, ein geringer Anteil auch in den Tropen, wo endemische Krankheiten und andere Hindernisse die Ansiedlung von Menschen einschränken.

Die ökologischen Folgen der Landnutzung durch den Menschen reichen von Treibhausgasemissionen bis hin zu Umweltverschmutzung, Bodenerosion, Verlust von Habitaten, Artensterben und zur (Neu)Einführung invasiver Arten. Aber keine Umweltveränderung ist wohl größer als die durch den Anbau von Nutzpflanzen, der mit Rodungen und Bodenbearbeitung beginnt. Pflanzen werden entfernt, in der Regel durch Verbrennung, sodass Kohlendioxid freigesetzt wird. Böden werden freigelegt, was zu Bodenerosion und -verlust führt. Störungen, Bodenbearbeitung und die Trockenlegung von Feuchtgebieten verursachen die Mineralisation großer Mengen organischer Bodenstoffe, wobei noch mehr Kohlendioxid emittiert wird. Bei der Flutung von Böden für den Reisanbau werden enorme Mengen Methan (CH_4) frei, das mehr als das zehnfache Erwärmungspotenzial von Kohlendioxid hat (obwohl es nicht so lange in der Atmosphäre bleibt wie CO_2). Bei der Verwendung von stickstoffreichem Dünger (sowohl in Form von Dung als auch von synthetischem Dünger) wird Stickoxid (N_2O) frei, ein noch stärkeres (und zudem sehr stabiles) Treibhausgas mit mehr als dem hundertfachen Erwärmungspotenzial pro Molekül im Vergleich zu Kohlendioxid. Der Gebrauch von Pestiziden und Herbiziden schadet verschiedenen Spezies sowohl auf den Feldern selbst wie auf angrenzenden Flächen und verstärkt die Kontaminierung von Teichen, Seen, Bächen und Flüssen und Küstengebieten durch überschüssige Nährstoffe aus Düngemitteln. Die Viehzucht verdrängt die ursprünglichen Pflanzenfresser durch unmittelbare Konkurrenz und durch die Eindämmung von Raubtierpopulationen und Rivalen. In vielen Fällen werden auch Wälder gerodet, um die Pflanzenproduktivität für die Viehzucht zu verbessern, während intensive

Viehzucht in großem Stil (»Massentierhaltung«) zur Emission von Methan und anderen Treibhausgasen durch Dung sowie einer Umweltbelastung ähnlich der von bewirtschafteten Feldern führt, jedoch häufig in konzentrierterer und gefährlicherer Form. Domestizierte Hühner sind heute die am häufigsten vorkommenden Vögel, und die Biomasse allein von Rindern übersteigt die aller anderen lebenden Wirbeltiere zusammengenommen – einschließlich derjenigen der Menschen.

Die Flächennutzung für Landwirtschaft und Städtebau führt nicht nur zu Treibhausgasemissionen, zur Beeinträchtigung von Böden und zur Verschmutzung von Wasser, Böden und Luft, sondern verändert, ersetzt und verdrängt auch native Habitate und Spezies. Obwohl sich Landnutzungen geringer Intensität wie Beweidung oder Forstwirtschaft wahrscheinlich auf viele Spezies nur in geringem Maße auswirken, kann der Einfluss auf Arten, die empfindlich auf menschliche Eingriffe reagieren, zu einem vollständigen Verlust ihrer Habitate führen, sodass sie nicht mehr überleben können. Gleichzeitig haben Menschen Arten auf der ganzen Welt verbreitet, sowohl absichtlich in Form von Nutzpflanzen, Ziergräsern und Haustieren sowie zur Eindämmung anderer Spezies als auch ungewollt, indem sie ihnen die Mitreise als blinde Passagiere beim Transport von Waren ermöglichten. Die meisten eingeführten Arten können sich nicht fortpflanzen oder nur in kleinen Populationen gedeihen, aber manche breiten sich über weite Landstriche hinweg aus und verdrängen vorhandene Arten, vor allem in Gebieten, in die der Mensch bereits durch seine Aktivitäten eingegriffen hat.

Verlust von Habitaten, Jagd, Nahrungssammlung, Umweltverschmutzung, die Einwanderung von Arten und andere Formen des vom Menschen ausgeübten Drucks drohen zunehmend die Populationen gefährdeter Pflanzen- und Tierarten auszulöschen und somit zu einem raschen globalen Biodiversitätsverlust zu führen.

Die Nutzung von Boden für Landwirtschaft und Siedlungen veränderte bereits lange vor 1950 bedeutende Gebiete weltweit, aber das menschliche Bevölkerungswachstum und die durch die industrielle Wirtschaftsentwicklung zunehmend reichhaltigere Ernährung führen sowohl zu einer rapiden globalen Ausweitung der Landnutzung als auch zu einer verbreiteten Steigerung ihrer Intensität, nicht zuletzt durch eine enorme Zunahme von Bewässerung und Chemikalien in der Landwirtschaft.

Die Hydrosphäre

Bereits vor über 5.000 Jahren griff der Mensch in die Hydrosphäre ein, indem er Bewässerungsgräben anlegte, Kanäle, Dämme und Reservoirs baute, Flüsse umleitete, Brunnen für die Extraktion von Grundwasser aushob und andere Maßnahmen zur Gewinnung von Wasser für die landwirtschaftliche Produktion und den Bau von Siedlungen ergriff. Die Bewässerung von Feldern war im Jahr 2000 mit 60 bis 75 Prozent der etwa 5.000 Kubikkilometer Wasser, die jährlich durch vom Menschen angelegte Systeme fließen, der Hauptzweck der Umleitung von Gewässern. Pro Jahr fließen annähernd 40.000 Kubikkilometer Süßwasser als Abfluss von allen Kontinenten ins Meer, doch aufgrund der saisonalen und geographischen Variationen der Verteilung ist für menschliche Gesellschaften nicht einmal ein Drittel davon zugänglich. Folglich verbraucht der Mensch fast die Hälfte des für ihn zur Verfügung stehenden erneuerbaren Süßwassers.

Durch den Bau von Dämmen, Reservoirs und anderen Formen des Stauens von Wasser wie etwa durch Reisfelder wird mehr Wasser zurückgehalten und der Abfluss ins Meer verzögert. Die Trockenlegung von Feuchtgebieten für die Landwirtschaft und Bauvorhaben führen zum Gegenteil. Die Menge des aus der Vegetation in die Atmosphäre aufsteigenden Wassers wird durch Rodungen für die Land- und Forstwirtschaft sowie durch gebaute Infrastruktur verändert, und das Gleichgewicht zwischen Abfluss und Speicherung von Wasser in Boden und Grundwasser wird auch in gegenteiliger Richtung durch Bodenbedeckung und -bearbeitung beeinflusst. Darüber hinaus hatten diese weitverbreiteten hydrologischen Veränderungen auch Folgen für die Verfügbarkeit von Wasser nicht nur für Menschen, sondern auch für Fische und andere Wasser- und Landtiere, die auf einen unveränderten Wasserfluss angewiesen sind, sowohl in quantitativer als auch in saisonaler und räumlicher Hinsicht. Dämme und Wasserumleitungen schränken zudem die Bewegung von Sedimenten zum Meer ein, sodass es stromaufwärts zu Ablagerungen kommt und die entsprechenden Sedimente folglich an Küstengebieten fehlen, was dort zu Bodenabsenkungen und zur Bedrohung der Küsteninfrastruktur durch einen steigenden Meeresspiegel führt.

Der Gebrauch von Süßwasser hat lange Zeit mit der Bevölkerung und dem Nahrungsbedarf zugenommen und ist nach 1950 rapide angestiegen. In der zweiten Hälfte des 20. Jahrhunderts trugen die rasche, nicht nachhaltige Entnahme von Grundwasser und riesige Dammbauten für Landwirtschaft und Stromerzeugung dazu bei, die hydrologischen Modifizierungen durch den Menschen im großen Stil auf allen Kontinenten zu beschleunigen, auch wenn der Bau großer Dammprojekte in den letzten Jahren abgenommen hat. Die Verfügbarkeit von Süßwasser wurde auch durch die Belastung von Flächen und Grundwasser mit synthetischen Chemikalien und überschüssigen Nährstoffen verringert. Folglich hat sich die terrestrische Hydrosphäre – die Süßwassersysteme der Erde – durch Aktivitäten des Menschen massiv gewandelt, und die Verknappung von verfügbarem Süßwasser ist inzwischen ein Grund für schwerwiegende weltweite Besorgnis.

Die Biosphäre

Der Mensch hat die Biosphäre lange vor der Entstehung der Landwirtschaft verändert. Schon vor dem Beginn des Holozän verursachte der Druck auf terrestrische Süßwasser- und marine Arten durch Jagen und Sammeln den Rückgang lokaler Populationen bis hin zum Aussterben einer Reihe von Spezies. Mit der Ausbreitung und dem Anwachsen menschlicher Populationen stieg auch der Druck durch Jagen und Sammeln, allerdings wurde dieser durch das Aufkommen der Landwirtschaft zu einem gewissen Grad ersetzt. Mit deren Ausbreitung zogen sich terrestrische Spezies in immer weiter schrumpfende Lebensräume zurück, und der Habitatverlust wurde zur wichtigsten Ursache für die Abnahme und Auslöschung von Nichtbeutearten. Bei den Wassertieren sieht die Sache anders aus.

Der steigende Bedarf der Gesellschaften an Meeres- und Süßwassertieren übt weiterhin intensiven Druck auf Wildspezies aus, die in Flüssen, Seen sowie in Küsten- und Meeresmilieus leben. Außerhalb einiger Süßwasser- und Küstenhabitate war der Druck durch traditionelles Jagen und Sammeln nicht so stark, dass es zu großen Populationsrückgängen und -auslöschungen kam, und das offene Meer wurde nur in geringem Maß beeinflusst. All das änderte sich mit dem Fischfang industriellen Maßstabs, bei dem ganze Flotten von »Fabrikschiffen« die Meere befahren. Mit dem Anstieg der Bevölkerungen und der Nachfrage nach Meerestieren ab 1950 wurde auch der Fischfang umfangreicher und intensiver, nicht zuletzt durch riesige Schleppnetze, die über den Meeresboden gezogen werden. Gleichzeitig wurden Küstenhabitate zunehmend durch landwirtschaftliche Abwässer, den Bau urbaner Anlagen und andere Infrastrukturmaßnahmen verändert, beispielsweise durch die Entfernung von Mangrovenwäldern und anderen Feuchtgebietsystemen, die für die Reproduktion vieler Spezies von entscheidender Bedeutung sind.

Abgesehen von Habitatverlusten und direkter Nutzung, wurden auch die Auslöschungsraten und die Funktionsweise der Biosphäre als Ganzer durch die Belastung des Wassers und Eingriffe des Menschen in die biochemischen Kreisläufe von Stickstoff und Phosphor beeinflusst. Giftstoffe aus der Industrie, die sich durch Wasser ausbreiten –, von Blei bis zu DDT – schädigen Spezies unmittelbar bzw. durch die Anreicherung von Giften in der Nahrungskette, da kontaminierte Organismen in großen Mengen von Raubtieren gefressen werden. Überraschend ist dabei vielleicht, dass sich überschüssige Nährstoffe in Form von reaktivem Stickstoff und Phosphor in ähnlicher, manchmal sogar extremerer Weise auf Wasserspezies und Habitate auswirken können als Giftstoffe.

Phosphor ist wie Stickstoff ein das Pflanzenwachstum begrenzender Nährstoff. Er ist zwar nur in Kleinstmengen nötig, aber seit den 1950er-Jahren wird reaktiver Phosphor (in verschiedenen Phosphatformen; PO_4) gefördert, verarbeitet und mit beschleunigter Zunahme als Dünger verwendet. Überschüssiger Phosphor, meist an Bodenpartikel gebunden, kann via Erosion ausgetragen werden und in Flüsse, Teiche oder Seen gelangen und bei zu hohen Mengen zu einem als »Eutrophierung« bezeichneten Prozess führen. Dabei wird das Wachstum mikroskopischer Pflanzen, Algen und Phytoplankton sowie photosynthetisierender Bakterien (Cyanobakterien) angeregt. Die dabei entstehenden Algenblüten und Cyanobakterien schirmen Licht von den unteren Wasserschichten ab, sodass das Wachstum von Seegrasgewächsen und anderen Pflanzen behindert wird, die für viele Habitate von entscheidender Bedeutung sind. Eutrophierte Gewässer – häufig stechend riechend (die cyanobakterielle Blüte stinkt) – sind häufig in landwirtschaftlichen und Küstenregionen sowie überall dort zu finden, wo städtische Abwässer oder mit Phosphor angereicherter Viehdung ungeklärt in Gewässer gelangen.

Reaktiver Stickstoff hat ähnliche Folgen in Küstengebieten, wo er durch Flüsse ins Meer geschwemmt wird. Der Grund dafür ist, dass Stickstoff in Süßwasser nur selten ein begrenzender Nährstoff und im Meerwasser extrem selten ist. Die schlimmsten Eutrophierungsereignisse finden daher in Küstenozeanen statt. »Tote Zonen« in Küstengebieten entstehen immer dann, wenn überschüssiger Stickstoff riesige Algenteppiche entstehen lässt, die absinken, sich zersetzen und dabei so viel Sauerstoff verbrauchen, dass Meereslebewesen nicht mehr atmen können. Auch das Auftreten giftiger Algenblüte wie etwa die rote Tide hat seit den 1950er-Jahren sowohl in Süßwasser als auch in Küstengebieten zugenommen.

Der durch den Menschen erzeugte Druck auf Spezies und ökologische Prozesse hat sich – in welcher Form auch immer – in der gesamten Biosphäre seit den 1950ern verstärkt. Die Nutzung von Land verdrängt und verunreinigt natürliche Habitate, zugleich werden wilde Spezies zunehmend ausgebeutet. Aus all diesen Gründen steigen die Raten vom Menschen verursachter Auslöschungen an Land wie im Meer, insbesondere bei Tieren, seit den 1950er-Jahren dramatisch und sind inzwischen weitaus höher als die natürlichen Aussterberaten im Großteil der Erdgeschichte.

Stickstoff

Häufig werden Veränderungen im Kohlenstoffkreislauf unseres Planeten als wichtigster Beleg für den Eingriff des Menschen in das Erdsystem dargestellt. Doch vieles spricht dafür, dass anthropogene Einflüsse auf den globalen biochemischen Stickstoffkreislauf viel bedeutender sind. Fossile Energieträger sind ein Teil davon, aber die überwiegende Mehrheit dieses unübertroffenen anthropogenen globalen Wandels ist die Folge eines einzigen industriellen Prozesses, in dem mehr reaktiver Stickstoff entsteht als in jedem natürlichen Prozess – und der das beispiellose Wachstum der Weltbevölkerung in den vergangenen 50 Jahren ermöglicht hat.

Stickstoff ist ein elementarer Bestandteil von Protein und daher ein wesentlicher Nährstoff für alle lebenden Organismen, einschließlich der Nutzpflanzen, von denen wir uns ernähren. Ohne den industriell synthetisierten Stickstoffdünger, der die Ernteerträge auf begrenzten Flächen steigert, hätte die Nahrungsproduktion nach 1970 niemals Schritt gehalten mit den

Bedürfnissen von damals über 4 Milliarden Menschen, ganz zu schweigen von den über 7 Milliarden heute, und sie würde erst recht nicht ausreichen für die 11 Milliarden, die für das Jahr 2100 erwartet werden.

Stickstoff in Form des hochstabilen und nicht reaktiven Gases N_2 ist das Element mit dem höchsten Anteil in der Erdatmosphäre (78 Prozent nach Volumen gemessen). Doch es ist auch, vielleicht überraschend, der verbreitetste, das Pflanzenwachstum an Land und im Meer begrenzende Nährstoff. Der Grund dafür ist, dass Pflanzen (und die meisten Bakterien) nur reaktive »verwertbare« Formen von Stickstoff aufnehmen und nutzen können: in Gestalt von Ammonium (NH_4^+) und Nitrat (NO_3^-). Für den Prozess der Umwandlung von stabilem N_2 in verwertbaren Stickstoff bedarf es hoher Mengen an Energie. Nur wenige Bakterienspezies haben den speziellen hochenergetischen Stoffwechsel ausgebildet, der notwendig ist, um Stickstoff zu »binden«. Dabei wird N_2 zu Ammonium aufgebrochen. Viele Bakterien können hingegen Ammonium ohne Weiteres in Nitrat umwandeln. Problematisch ist, dass reaktiver Stickstoff Böden und Gewässern leicht durch Auswaschung und Abfluss entzogen wird. Durch »Denitrifikation« gelangt er wieder in die Atmosphäre, wenn Mikroben ihn in stabiles N_2 oder N_2O zurückverwandeln oder Biomasse verbrannt wird; wenn tote Organismen auf den Meeresboden sinken, wo sie nicht mehr von photosynthetisierenden Pflanzen erreicht werden können, wird er dem System entzogen.

Bis 1910, das heißt bis zu Fritz Habers und Carl Boschs Entdeckung, war Stickstoff immer knapp und die Ernteerträge gering. Reaktiver Stickstoff für Dünger konnte nur durch Abbau gewonnen werden (Ablagerungen von fossilisiertem Vogelkot;

Guano), durch Sammeln von Dung und Biomasse oder durch den Anbau von Leguminosen – Pflanzen, die eine Symbiose mit stickstoffoxidierenden Bakterien eingehen können.

Die beiden Chemiker Haber und Bosch kehrten dann bei dem nach ihnen benannten Verfahren den Stickstoffkreislauf der Erde um. Unter hohem Energie- bzw. Kohlenstoffaufwand (in der Regel Methan) wird Druck auf N_2-Gas ausgeübt, sodass Stickstoff zu Ammonium reduziert. Dieses konnte für Dünger und andere industrielle Verfahren verwendet werden, auch für den Bau von Bomben. Die synthetischen Stickstoffdünger erhöhten die Ernteerträge enorm, häufig auf das Doppelte oder mehr, vor allem als moderne Nutzpflanzenvarianten gezüchtet wurden, die von diesem Dünger profitieren – die Grundlage für die »Grüne Revolution« in der Landwirtschaft, die sich von den 1950er-Jahren an über die ganze Welt ausbreitete. Angesichts der hohen Ernteerträge stieg die Produktion von Nutzpflanzen, ohne dass die Landfläche für die Bewirtschaftung im selben Maße zunahm; der Großteil der Ausweitung landwirtschaftlicher Flächen im 20. Jahrhundert diente der Viehproduktion. Gleichzeitig haben Stickstoffdünger, insbesondere bei exzessiver Anwendung, Grund- und Oberflächenwasser in gesundheitsgefährdender Höhe belastet und viele marine Ökosysteme, wie oben erwähnt, mit Stickstoff übersättigt. Die Lachgasemissionen (N_2O) von gedüngten Feldern sind heute eine zunehmend signifikante Ursache für die Ansammlung von Treibhausgasen in der Erdatmosphäre. Abgesehen von der Bindung von synthetischem Stickstoff, werden auch bei der Verbrennung von Kohle, Erdöl und Biomasse säurehaltige Formen von Stickstoffgasen freigesetzt, die Stickoxide (NO und NO_2), die zusammen mit Schwefeloxiden »sauren Regen« bilden, der

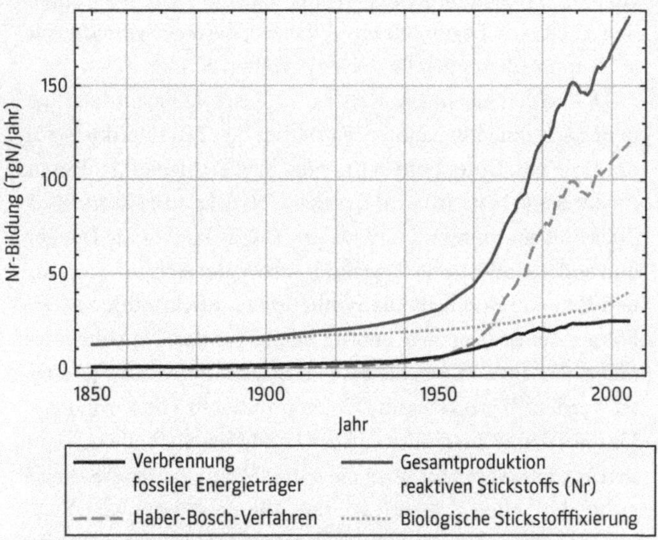

Abbildung 16 | Globale Entwicklung von reaktivem Stickstoff (Nr) seit 1850 (Tg = Teragramm = 10^{12} Gramm).

in den 1980er- und 1990er-Jahren zu verbreiteten Umweltschäden führte, bis diese säurehaltigen Emissionen aus Kohlekraftwerken und Fahrzeugmotoren reguliert und unter Kontrolle gebracht wurden.

Über die synthetische Stickstofffixierung, Stickstoff bindende Nutzpflanzen und die Verbrennung von fossilen Energieträgern entsteht heute mehr reaktiver Stickstoff als durch alle natürlichen Prozesse in der terrestrischen Biosphäre zusammen (Abbildung 16). Zum Vergleich: Würden anthropogene Kohlendioxidemissionen alle natürlichen CO_2-Emissionen von

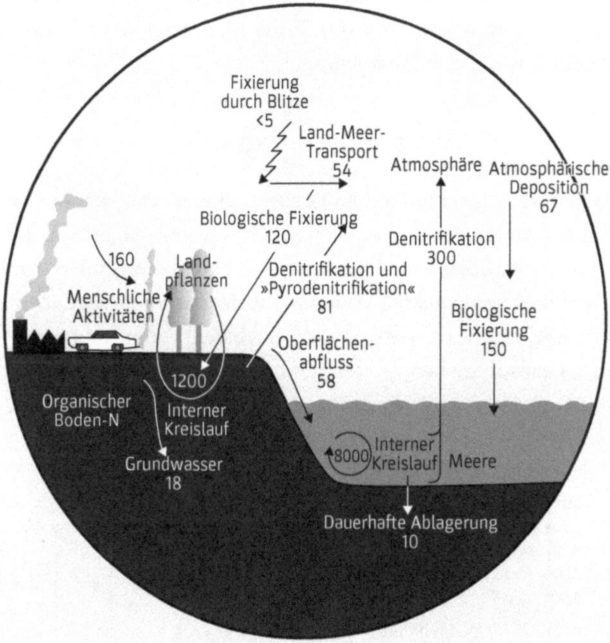

Abbildung 17 | Der Stickstoffkreislauf der Erde (Zahlen beziffern Stickstoff in Tg).

Landflächen übersteigen, wären sie um den Faktor 10 höher als gegenwärtig. Die Eingriffe des Menschen in den globalen biochemischen Stickstoffkreislauf ist eines der bemerkenswerten Beispiele für den Wandel in der Funktionsweise der Erde als System, den der Mensch hervorgerufen hat (Abbildung 17). Vor dem 20. Jahrhundert existierten solche das Erdsystem massiv verändernden industriellen Prozesse nicht. Von den 1950er-

Jahren an wurde die synthetische Stickstofffixierung extrem beschleunigt, womit die Eingriffe des Menschen in die Erde ein beispielloses Ausmaß erreichten.

Atmosphäre und Klima

Menschengemachte Treibhausgasemissionen und ihre Auswirkungen auf die Erdatmosphäre und das Klima gehören zu den schlagkräftigsten Beweisen eines sich beschleunigenden, vom Menschen verursachten Wandels unseres Planeten. Beginnend mit Keelings Kurve, wurden die globalen Veränderungen in der Atmosphäre beobachtet und bis weit in die Vergangenheit detailliert nachvollzogen. Die Freisetzung von Kohlendioxid,

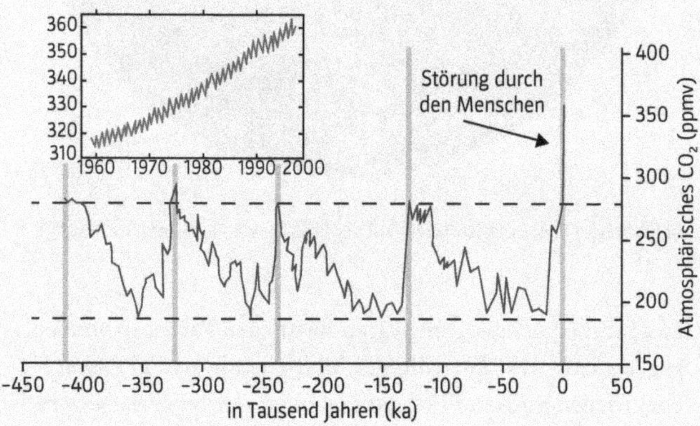

Abbildung 18 | Veränderungen im CO2-Gehalt der Atmosphäre in den vergangenen 450.000 Jahren. Die Grafik zeigt einen extrem raschen Anstieg über die Mengen der Vergangenheit hinaus. Im Kasten links oben die Keeling-Kurve mit einer genaueren Aufzeichnung der seit 1960 beobachteten Veränderungen.

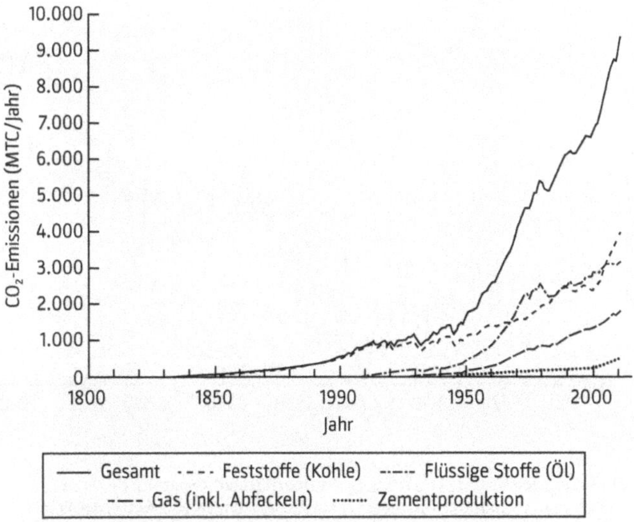

Abbildung 19 | Globale Entwicklung der menschenverursachten CO_2-Emissionen zwischen 1800 und 2000 aus verschiedenen Quellen wie fossilen Energieträgern und der Herstellung von Zement.

Methan und Lachgas stieg im letzten Jahrhundert steil an und erreichte ein im ganzen Holozän nie da gewesenes Ausmaß. Die einzige Ausnahme sind die Fluorchlorkohlenwasserstoffe (FCKW), die ihre Blütezeit von den 1950er- bis in die 1990er-Jahre hatten, ehe sie durch internationale Abkommen zum Schutz des stratosphärischen Ozons stufenweise aus dem Verkehr gezogen wurden, woraufhin sich die Ozonschicht erholte.

Im Zeitverlauf variierte der Kohlendioxidgehalt in der Atmosphäre erheblich. Trotzdem liegen die menschengemachten Veränderungen der CO_2-Konzentrationen weit über dem

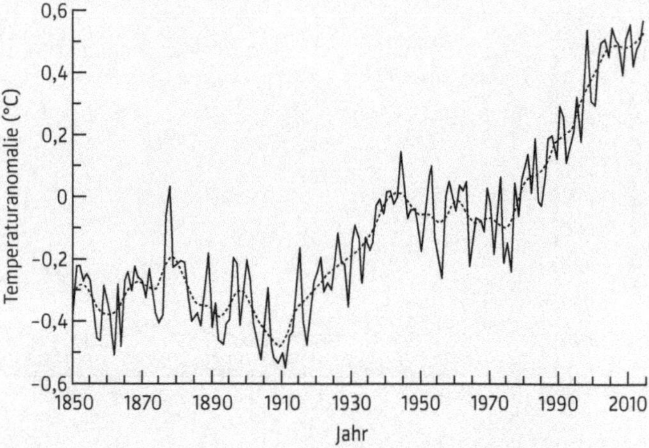

Abbildung 20 | Globale Entwicklung der Oberflächentemperatur der Erde zwischen 1850 und 2000, ausgedrückt in Abweichungen vom Mittel der Jahre 1961–1990 (»Temperaturanomalien«).

natürlichen Variabilitätsspektrum (Abbildung 18) der jungen geologischen Vergangenheit. Der heutige Kohlendioxidgehalt (> 400 ppm) ist mit ziemlicher Sicherheit höher als jemals in den vergangenen 4 Millionen Jahren. Auch die Geschwindigkeit der Temperaturveränderung in der Atmosphäre ist außergewöhnlich hoch und steigt seit den 1950er-Jahren ebenso wie die anthropogenen CO_2-Emissionen (Abbildung 19).

Der Anstieg der mittleren Oberflächentemperatur der Erde folgt eng den menschenverursachten Veränderungen des Gehalts von CO_2 und anderen Treibhausgasen in der Atmosphäre (Abbildung 20). Diese starke Korrelation bestätigt nur die Ergebnisse von Simulationsmodellen des Erdsystems, die durchgängig zeigen, dass der heutige Anstieg der globalen Tempera-

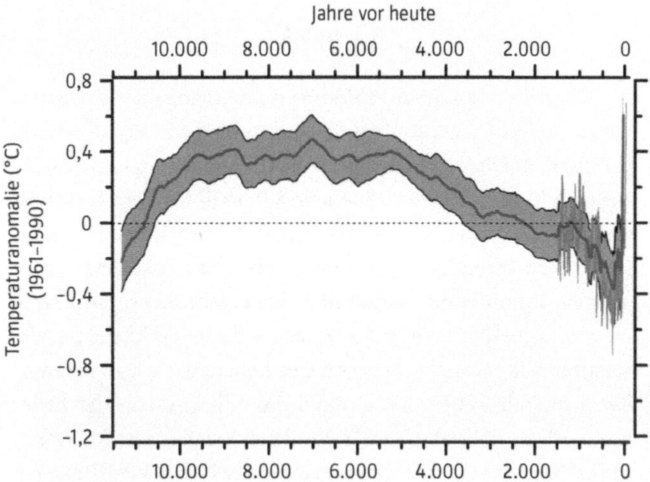

Abbildung 21 | Globale Veränderungen der Oberflächentemperaturen der Erde im Lauf des Holozäns (Temperaturanomalie im Verhältnis zum Mittel der Jahre 1961–1990).

tur mit keinem anderen Prozess im Erdsystem erklärt werden kann als mit dem anthropogenen Treibhauseffekt. Darüber hinaus sind die mittleren Temperaturen heute wesentlich höher als noch vor 100 Jahren und wahrscheinlich auch höher als in der gesamten Epoche des Holozäns (Abbildung 21), ja sogar höher als zu jedem anderen Zeitpunkt in den vergangenen rund 100.000 Jahren.

Kipppunkte

Im Quartär mit seinen zahlreichen Übergängen von Glazialen zu Interglazialen sind große Unterschiede im Erdklima die Norm, nicht die Ausnahme. Im Eem, dem letzten interglazialen, vor etwa 115.000 Jahren endenden Intervall vor dem Holozän, war die Erde sogar wärmer als heute. Die relativ stabilen und moderaten interglazialen Temperaturen des Holozäns ragen also als Insel der Klimastabilität aus einem Meer von Extremen heraus. Alles spricht dafür, dass es für menschliche Gesellschaften wie für nicht menschliches Leben, wie wir es kennen, katastrophale Folgen hätte, wenn das Klimasystem der Erde aus diesem relativ stabilen Zustand herausfallen würde. Keine Industrie-, nicht einmal eine Agrargesellschaft hat je Klimaveränderungen erlebt, wie sie vor dem Holozän die Regel waren – wobei die Treibhausgasemissionen und der Klimawandel längst noch nicht die Dimensionen erreicht haben wie andere Veränderungen des Erdsystems, die sich seit den 1950er-Jahren beschleunigen.

Die Möglichkeit rapider und transformativer Regimewechsel im Erdklima ist durch vergangene Verhaltensmuster des Erdsystems gut bestätigt. Der Übergang von Glazialen zu Interglazialen ist ein Beispiel dafür. Dabei kommt es durch Zunahme der eintreffenden Sonnenenergie, verstärkt durch biosphärische Kohlenstoffemissionen, den Rückgang von Meereis und kontinentalen Eisschilden und andere positive Rückkopplungen, zu Temperaturanstiegen und folglich raschen Klimaveränderungen. In diesem Fall löst eine Erderwärmung über einen Schwellenwert oder Kipppunkt hinaus einen selbstverstärkenden Prozess der Systemveränderung aus, der zu einem relativ schnellen, nicht linearen und möglicherweise irreversiblen »Sprung« oder Regimewechsel im Klimasystem der Erde führt. Während der Kreislauf von Glazialen zu Interglazialen und wieder zurück ein »bistabiles« System mit zwei Zuständen, dem Glazial und dem Interglazial, darstellt, gibt es auch Beispiele für Regimeveränderungen im Erdsystem, die nur in eine Richtung ablaufen, etwa evolutionäre Veränderungen in der Biosphäre, deren markanteste die Oxigenierung der Erdatmosphäre und die Entstehung von Leben an Land waren.

Die Möglichkeit solch eines menschengemachten Regimewechsels beschäftigt Erdsystemwissenschaftler seit Jahrzehnten. Zur Veranschaulichung wird oft das Bild einer Kugel herangezogen, die in einer Mulde hin und her rollt. Die Kugel, die für den Zustand des Erdsystems steht, rollt in ihrem »natürlichen Variabilitätsspektrum«, dargestellt durch die Mulde oder das »Anziehungsbecken«, hin und her (Abbildung 22). Wenn das System stabil ist (Anfang bis Mitte des Holozäns), ist die Mulde tief und eng, und die Kugel bewegt sich schnell, aber in einem engen Spektrum. Zu einem Systemwechsel kommt es, wenn die Mulde flacher wird und die Kugel mehr Bewegungsspielraum hat, aber auch langsamer wird. Frühere, durch den Beginn der Landwirtschaft und industrielle Verfahren verursachte Veränderungen im Erdsystem könnten zu einer derartigen erhöhten Variabilität geführt haben. Schließlich verlässt das System für immer seinen früheren stabileren Zustand (das Holozän) und nimmt einen neuen, weniger stabilen an (den des Anthropozän). An diesem Punkt ist lediglich klar, dass das Erdsystem in raschem Tempo aus dem Holozän austritt. Man kann noch nicht sagen, wie ein anthropozäner Zustand letztlich aus-

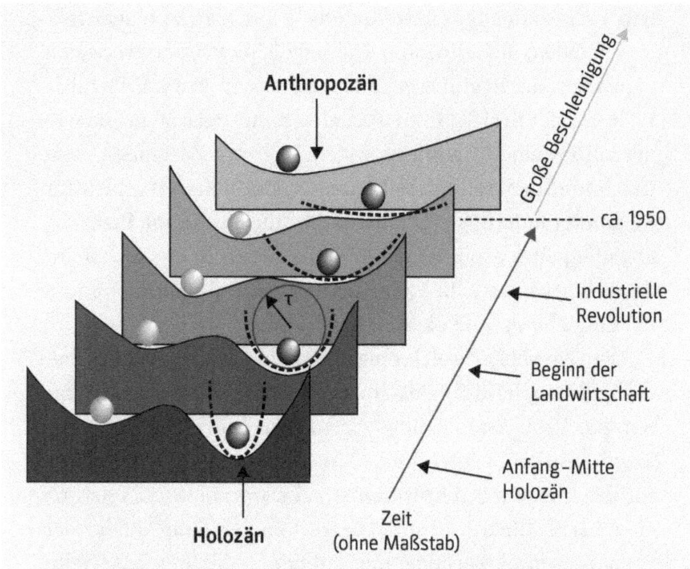

Abbildung 22 | Anthropogener Regimewechsel: Kugel und Mulde.
Die Mulde rechts stellt ein stabiles Anziehungsbecken dar (das Holozän) und die Kugel rechts den Zustand des Erdsystems. Mulde und Kugel links stellen einen potenziellen Zustand des Erdsystems dar (das Anthropozän). Unter allmählichem anthropogenen Druck wird die Mulde flacher und verschwindet schließlich (eine Schwelle, um 1950), sodass die Kugel nach links rollt (Regimewechsel) in die Bahn des Anthropozän, hin zu einem potenziellen zukünftigen Anziehungsbecken.

sehen wird, welche relative Stabilität er hat und wie lange er im Vergleich zum Holozän andauern wird.

Da das Ausmaß und die Intensität der Einflüsse des Menschen auf Atmosphäre, Hydrosphäre und Biosphäre der Erde zunehmen, steigt damit auch die Gefahr eines anthropogenen Regimewechsels im anthropozänen Zustand des Erdsystems. So könnte beispielsweise ein rascher Anstieg der Treibhausgaskonzentrationen unseren Planeten in eine extrem warme »Treibhauserde« verwandeln. Die Wahrscheinlichkeit ist besonders hoch, wenn positive Rückkopplungen stattfinden. Durch die Erwärmung arktischer Feuchtgebiete könnte explosionsartig Methan in die Atmosphäre emittiert werden, oder das Meereis könnte massiv wegschmelzen, womit Wärme im Meer gespeichert und die Abstrahlung von Sonnenenergie vermindert würde. Es gibt hierfür viele Möglichkeiten, unter anderem eine unbekannte Reaktion der vom Menschen beeinflussten Biosphäre. Solch ein Zustandswechsel könnte sich schrittweise über Jahrtausende hinziehen oder aber überraschend schnell stattfinden. So oder so aber ist es sehr unwahrscheinlich, dass das Klimasystem der Erde, sollte der Druck durch den Menschen nachlassen, am Ende in den holozänen Zustand zurückkehrt.

Aus der Perspektive der Erdsystemwissenschaft sind die Belege dafür, dass der Mensch das Erdsystem in einen Zustand gezwungen hat, der jenseits ihres natürlichen Variabilitätsspektrums liegt, grundlegend für die Definition des Anthropozän als eines neuen Intervalls geologischer Zeit. Die Möglichkeit eines Regimewechsels im Erdsystem vom Holozän zum Anthropozän wird auch durch die Erdgeschichte gestützt sowie durch Beobachtungen der Funktionsweise der Erde als System und entsprechende Modelle. Doch obwohl sich das Erdsystem jenseits der bekannten Bedingungen des Holozäns verändert hat, verändert es sich immer noch so rasch, dass immer noch nicht die ganze Palette der Merkmale eines zukünftigen anthropozänen Zustands bekannt ist – abgesehen davon, dass es sicher wärmer und der Meeresspiegel höher sein wird.

Etwas Neues

Die ökologischen und sozialen Veränderungen des vergangenen halben Jahrhunderts erzählen uns eine beeindruckende Geschichte über die Transformation der Erde durch menschliche Gesellschaften. Die terrestrische Oberfläche der Erde wurde durch Rodungen für die Landwirtschaft und menschliche Ansiedlungen verändert. Flüsse wurden gestaut und hydrologische Ströme umgeleitet. Der Mensch hat die Biosphäre umgeformt, indem er Flora und Fauna um die Welt transportiert und Spezies durch Habitatvernichtung und Raubbau ausgelöscht hat. Die globalen biogeochemischen Kreisläufe von Kohlenstoff, Stickstoff und anderen wichtigen Elementen wurden durch die Verbrennung fossiler Energieträger, die industrielle Synthese von Stickstoffdünger und andere menschliche Aktivitäten umgewandelt mit Folgen, die von weitverbreiteter Umweltverschmutzung bis hin zum Klimawandel reichen. Damit hat der Mensch seine Spur in fast jeder Sphäre des Erdsystems hinterlassen. Das Erdklima ist vielleicht schon irreversibel in einen nie da gewesenen Zustand gekippt, und dies könnte unbekannte und womöglich katastrophale Auswirkungen auf menschliche Gesellschaften haben.

Mit *Global Change and the Earth System* und nachfolgenden Arbeiten etablierten Will Steffen und die IGBP-Community »Die Große Beschleunigung« als zentrales Narrativ der vom Menschen ausgelösten globalen Umweltveränderung und verknüpften es eng mit dem Übergang der Erde in eine »anthropozäne Ära«. Doch die Beschleunigung, die Erdsystemwissenschaftler überraschte, war bei Umwelthistorikern längst Allgemeinwissen – vor allem ist hier John McNeill zu nennen. Sein vorausschauendes Buch *Something New Under the Sun* (dt. *Blue Planet. Die Geschichte der Umwelt im 20. Jahrhundert*) dokumentiert einen beispiellosen Wandel in Ausmaß und Intensität gesellschaftlicher und ökologischer Veränderung im 20. Jahrhundert und deren Beschleunigung nach 1950. Steffen, Crutzen und McNeill taten sich später zusammen, verankerten die Große Beschleunigung noch tiefer als das leitende Narrativ zur Erklärung für den Aufstieg des Menschen zu einer »großen Kraft der Natur« und für einen Übergang des Erdsystems in das Anthropozän nach 1950.

Die Große Beschleunigung erklärt den Übergang in ein Anthropozän mit einem komplexen, multikausalen Narrativ, in dem soziale, politische und ökonomische Veränderungen mit ihren unterschiedlichen ökologischen Folgen von lokalen bis zu globalen Dimensionen, darunter Wechselwirkungen zwischen diesen Veränderungen, über alle Ebenen hinweg. Mit der Großen Beschleunigung wird zwar anerkannt, dass der Mensch schon lange vorher die Erde verändert hat, aber zugleich festgestellt, dass die Umweltveränderungen durch den Menschen vor dem 20. Jahrhunderts zwar in manchen Regionen signifikant waren, aber auf globaler Ebene »weit innerhalb der Grenzen der natürlichen Variabilität der Umwelt« blieben. Vorindustrielle Gesellschaften haben nicht die anthropogenen Umweltveränderungen hervorgerufen, weder in ihrem Ausmaß noch in ihrer Intensität, um »mit den großen Kräften der Natur« konkurrieren zu können. Das Anthropozän begann nicht mit dem Aufkommen der Landwirtschaft, nicht einmal mit der industriellen Revolution, sondern erst mit der Entstehung von Industriegesellschaften im großen Stil nach 1945 und ihren bei-

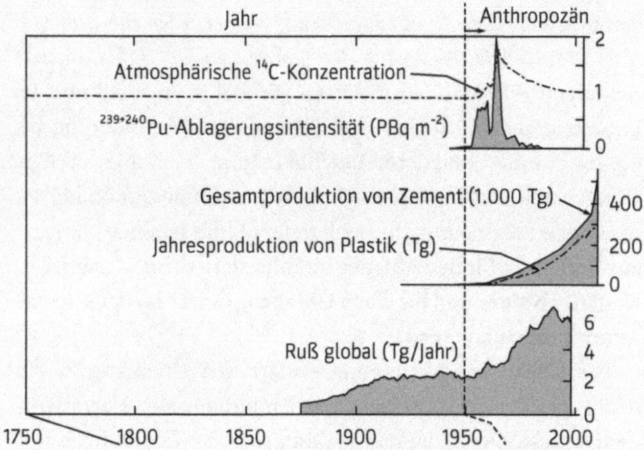

Abbildung 23 | Neue Marker für einen anthropogenen Wandel, darunter Beton, Plastik, globaler schwarzer Kohlenstoff und Plutonium-Fallout (Pu) zusammen mit der atmosphärischen Radiokohlenstoff-Konzentration (^{14}C).

spiellosen Möglichkeiten, die Ökologie der Erde in steigendem Tempo zu verändern. Mitte des 20. Jahrhunderts erreichte der Druck durch den Menschen ein Ausmaß, das einen anthropogenen Regimewechsel in der Funktionsweise des Erdsystems herbeiführen könnte.

In einem Artikel der Zeitschrift *Science* von 2016 bestätigte die Arbeitsgruppe Anthropozän die Große Beschleunigung als wichtigstes wissenschaftliches Narrativ zur Erklärung des Übergangs der Erde ins Anthropozän. Damit richtete die Arbeitsgruppe den Fokus auf stratigraphische Signaturen der zentralen, vom Menschen hervorgebrachten Veränderungen im Zusammenhang mit einem Übergang zum Anthropozän Mitte des 20. Jahrhunderts. Zu den führenden Kandidaten hierfür zählten Ablagerungen des radioaktiven Fallouts von Atomwaffentests (Plutonium und Kohlenstoff-14), die 1945 begannen und ihren Höhepunkt um 1963 und 1964 erreichten. Ein weiterer bekannter Indikator waren Ablagerungen von Plastik, wieder ein anderer schwarzer Kohlenstoff (black carbon), der bei der unvollständigen Verbrennung fossiler Energieträger entsteht (Abbildung 23). Die Suche nach der besten stratigraphischen Signatur und einem GSSP für die sich beschleunigenden anthropogenen Veränderungen Mitte des 20. Jahrhunderts läuft noch.

KAPITEL 5

Anthropos

»Wann genau bekam der Mensch die Vorherrschaft über die Lebenswelten der Erde?«, fragten die Archäologen Bruce Smith und Melinda Zeder 2013 in der Zeitschrift *Anthropocene*. Mehr als ein Jahrzehnt nach Crutzens Ruf zu den Waffen machten sich Archäologen erstmals daran, das Anthropozän zu definieren.

Archäologen sind die Stratigraphen der menschlichen Welt, spezialisiert darauf, die materiellen Spuren zu deuten, die menschliche Gesellschaften langfristig hinterlassen haben. Und wie die Stratigraphen der Geologie sind Archäologen Zeitmesser, die sich allerdings mit der Rekonstruktion der Sozial- und Umweltgeschichte menschlicher Gesellschaften auf der Grundlage physischer Zeugnisse befassen. Im Lauf von Jahrzehnten haben sie eindrucksvolles Beweismaterial dafür zusammengetragen, dass der Mensch schon seit dem Pleistozän die terrestrische Umwelt auf dem ganzen Planeten einem Wandel unterzieht.

Angesichts so tragfähiger Beweise erscheint es bemerkenswert, dass es so lange gedauert hat, bis sie das Anthropozän thematisierten. Schließlich hätte der Ruf nach Einführung einer neuen menschlichen Epoche auch aus der Archäologie gekommen sein können. Doch Smith und Zeder nennen gute

Gründe, warum dies nicht geschah. Aus ihrer Sicht als Archäologen sollte der Beginn des Anthropozän nicht allein durch die ökologischen Folgen menschlicher Aktivitäten definiert werden, sondern mit den beispiellosen menschlichen Möglichkeiten, in die Umwelt auf der Erde einzugreifen.

Die Ökosystemingenieure schlechthin

Alle Organismen verändern ihre Umwelt allein schon dadurch, dass sie Raum einnehmen – und noch mehr, indem sie sich ernähren und erhalten. Manche Spezies aber, die sogenannten Ökosystemingenieure, beeinflussen ihre Umwelt auch darüber hinaus. Diese Arten, etwa die Dämme bauenden Biber und die grabenden Regenwürmer, zeigen ein unmittelbar in die Umwelt eingreifendes Verhalten, das ihre Lebensbedingungen und die anderer Organismen tief greifend verändert. Wenn diese Umweltveränderungen ihre Überlebensfähigkeit signifikant verbessern oder vermindern, kann man sie als »ökologisches Erbe« betrachten – als Teil eines evolutionären Prozesses, den man als »Nischenkonstruktion« bezeichnet und in dem Organismen genau die Umweltbedingungen reproduzieren, unter denen sie selbst leben und sich weiterentwickeln.

Wie Bruce Smith 2007 in *Science* dargelegt hat, sind Menschen die Ökosystemingenieure schlechthin. Keine andere Spezies hat die Fähigkeit zu einem so breiten Spektrum wirksamen umweltverändernden Agierens entwickelt – von der Rodung mithilfe von Feuer über die Domestizierung anderer Spezies bis zur Bestellung von Land. Die außergewöhnliche Fähigkeit, die eigene Nische zu konstruieren, hat menschlichen Populationen dazu verholfen, über die natürlichen, andere

Spezies oder Organismen begrenzenden Umweltbedingungen hinauszuwachsen und zu gedeihen. Aus der Sicht von Smith, Zeder und einer wachsenden Zahl anderer Archäologen ist eine zunehmende Fähigkeit des Menschen, Nischen zu konstruieren, der eigentliche Grund für den Übergang der Erde ins Anthropozän.

Vorfahren

Die frühesten Zeugnisse außergewöhnlicher Fähigkeiten des Menschen, seine Umwelt zu verändern, wurden hinterlassen, lange bevor der Mensch als Art überhaupt existierte. Als *Homo sapiens* vor etwa 300.000 Jahren in Afrika auftauchte, gab es abgesehen von der Anatomie nur wenig, was ihn von anderen Mitgliedern der Gattung *Homo* unterschied. Diese ersten »anatomischen modernen Menschen« waren bedeutend weniger robust als ihre Vorfahren, besaßen einen leichteren Körperbau, kleinere Kieferknochen und Zähne und einen runderen Schädel. Und während ihr Gehirn größer war als das vorausgegangener Arten, war es im Allgemeinen kleiner als das einer robusteren *Homo*-Spezies, die zur selben Zeit lebte: des Neandertalers *(Homo neanderthalensis)*.

Zehntausende Jahre lang fertigten Menschen Steinwerkzeuge an, nutzten das Feuer und lebten in weitgehend derselben Weise wie ihre Vorfahren und die Neandertaler, ihre Verwandten. Die allerersten Steinwerkzeuge wurden von unseren fernen Ahnen der Gattung *Australopithecus* vor über 3,3 Millionen Jahren oder noch früher hergestellt. Die ersten von *Homo sapiens* gefertigten Steinwerkzeuge ähnelten stark den 1,6 Millionen Jahre früher von unseren Vorfahren der Gattung

Homo hergestellten Faustkeilen. Zeugnisse des kontrollierten Einsatzes von Feuer stammen aus der Zeit vor über 400.000 Jahren, sein Ursprung kann aber vor 2 Millionen Jahren oder sogar davor liegen. Zweifellos erbten die »Ökosystemingenieure schlechthin« den einen oder anderen Trick von ihren Vorfahren.

Dann aber, vor mehr als 100.000 Jahren, fertigten Menschen Werkzeuge allmählich anders an als ihre Vorfahren, verwendeten neue Materialien wie Knochen, entwickelten neue Methoden und komplexere Formen. Sie gravierten symbolische Zeichen in Muscheln und Knochen, fertigten und trugen Schmuck, bemalten ihren Körper und ihre Höhlenwohnungen mit Ocker (ein eisenhaltiges Mineral) und Kohle. Sie handelten über große Distanzen mit Materialien für die Herstellung von Werkzeugen und Schmuck wie Feuerstein, Obsidian und Meeresmuscheln. Ihre Siedlungen wurden größer und komplexer. Und ihre sozialen Strategien für das Jagen und Sammeln erreichten eine ganz neue Stufe der Effektivität. Über einen Zeitraum von Zehntausenden Jahren erwarben Menschen ein vielfältiges Spektrum komplexer, sozial erlernter und praktizierter »moderner« Verhaltensweisen und hinterließen unzweideutige materielle Zeugnisse dafür, die in ganz Afrika gefunden wurden. Solche komplexen Zeugnisse enthalten vom späten Pleistozän an (seit über 60.000 Jahren) Belege dafür, dass neue Formen von Gesellschaften mit »modernen Verhaltensweisen« Fähigkeiten entwickelten, die über die jeder anderen vorherigen Spezies in der Erdgeschichte hinausgingen.

Eine erste große Beschleunigung

Die Entwicklung und Zunahme modernen menschlichen Verhaltens markierte einen großen langfristigen Wandel der menschlichen Fähigkeiten zur Nischenkonstruktion. Neue Methoden der Werkzeugherstellung, neue Strategien für den Eingriff und die Nutzung der Umwelt und neue Wege der Kooperation entstanden, wurden von anderen erlernt und an zukünftige Generationen weitergegeben, nicht zuletzt durch eine immer komplexere Sprache. Der Mensch lebte in einer mehr und mehr sozialen Welt, in der das Überleben von sozial erlerntem Verhalten in Kooperation mit anderen abhing.

Sozial angeeignetes Wissen – Kultur – wurde entscheidend, um die richtigen (nicht giftigen) Pflanzenspezies zu ernten, die besten Werkzeuge herzustellen – etwa Wurfgeschosse mit Steinspitzen für die Jagd – und in die Umwelt in zunehmend transformativer Weise einzugreifen, zum Beispiel durch den Bau von Fallen, Wehren und Umlenkung von Flüssen durch Steindämme, um Jagd und Fischfang zu erleichtern. Komplexe soziale Interaktionen und Austausch untereinander waren grundlegend, um die Lebensbedürfnisse zu erfüllen, von kooperativen Strategien beim Jagen und Sammeln und der Verteilung der Erträge bis zum Fernhandel mit Ocker, Materialien für Steinwerkzeuge (Feuerstein, Obsidian) und Schmuck (Muscheln, Federn) sowie Strategien für den Austausch von Nahrung über die klassischen biologischen Verwandtschaftsbeziehungen hinaus. Wie bei den Veränderungen im Ökosystem und beim sozialen Austausch bildeten sich immer schneller immer vielfältigere Formen der sozialen Interaktion heraus. Verantwortlich dafür waren Prozesse der kulturellen Evolution – etwa komplexe hierarchische Beziehungen und Rollenspezialisierungen, von den rituellen Pflichten des Schamanen bis zur Entstehung größerer sozialer Gruppierungen wie Stammesgesellschaften mit verschiedenen Führungsebenen jenseits der kleinen egalitären Gruppen oder Scharen, die für die ersten menschlichen Gesellschaften charakteristisch waren. Dabei spielte vermutlich die Entwicklung von Sprachen eine entscheidende Rolle, da sie die Genauigkeit kultureller Informationen erhöhten, die sozial und über Generationen hinweg übertragen wurden.

Mit der Vermehrung der übermittelten Informationen oder Kultur entwickelten sie sich zugleich weiter. Zum Ende des Pleistozäns gab es ein breites Spektrum von Werkzeugen und Techniken der Nischenkonstruktion, die es dem Menschen ermöglichten, in verschiedensten Umfeldern zu leben, sie zu nutzen und zu verändern. Außerdem waren menschliche Gesellschaften zunehmend zu kooperativen sozialen Verhaltensweisen in der Lage, etwa zu koordiniertem Handeln in größerem Maßstab bei der Nutzung und Veränderung der Umwelt. Ausgestattet mit diesen neuen sozialen Fähigkeiten, begann vor über 80.000 Jahren von Afrika aus die Ausbreitung des Menschen in mehreren Emigrationswellen und damit die Fähigkeit, die Welt zu verändern (Abbildung 24). Die ersten Gesellschaften mit modernen Verhaltensweisen entwickelten sich wahrscheinlich in Afrika, aber ihre Ausbreitung über die gesamte Erde machten *Homo sapiens* bald zu einer globalen Spezies. Vor 14.000 Jahren, vor dem Ende des Pleistozäns und dem Beginn des Holozäns, gab es menschliche Bevölkerungen auf jedem Kontinent mit Ausnahme der Antarktis.

Artensterben

Menschliche Gesellschaften haben archäologische Beweise für ihre Ankunft hinterlassen, wo immer sie eintrafen – in Form von Kohleablagerungen, Werkzeugen und anderen Artefakten und den Knochen und anderen Überresten von sich und den Spezies, die sie bejagten, aßen und sammelten. Mit der Anpassung verschiedener Gesellschaften in verschiedenen Regionen an ihre neue Umgebung entstanden neue Werkzeug- und Lebensformen. Jäger-Sammler-Gesellschaften lernten, eine immer breitere Vielfalt neuer Spezies zu fangen und zu konsumieren, womit sie die menschliche Nische erweiterten. Zu diesen neuen Spezies zählten viele, die nicht die Fähigkeit entwickelt hatten, mit einem Werkzeuge gebrauchenden, Feuer machenden, gemeinsam jagenden und Nischen konstruierenden Primaten zu leben. Viele von ihnen, vor allem die größeren Tiere, die als Beute geschätzt waren – die Megafauna –, vom Glyptodon, einem riesigen Verwandten des Gürteltiers, bis zu den elefantengroßen Riesenfaultieren der Gattung Megatherium, sollten alsbald für immer verschwinden.

Am Ende des Pleistozäns und zu Beginn des Holozäns verursachen Jäger-Sammler wahrscheinlich das Aussterben etwa der Hälfte der großen Säugetiere und einer Reihe großer Vogelarten in Australien. Der amerikanische Doppelkontinent und Australien verloren die meisten Spezies – zwischen 70 bis zu beinahe 90 Prozent ihrer Großfauna-Säuger –, während Eurasien weniger als 40 und Afrika nur etwa 20 Prozent verloren. Wahrscheinlich spiegeln diese regionalen Unterschiede wider, inwieweit die Tiere früher oder später mit der Gattung *Homo*

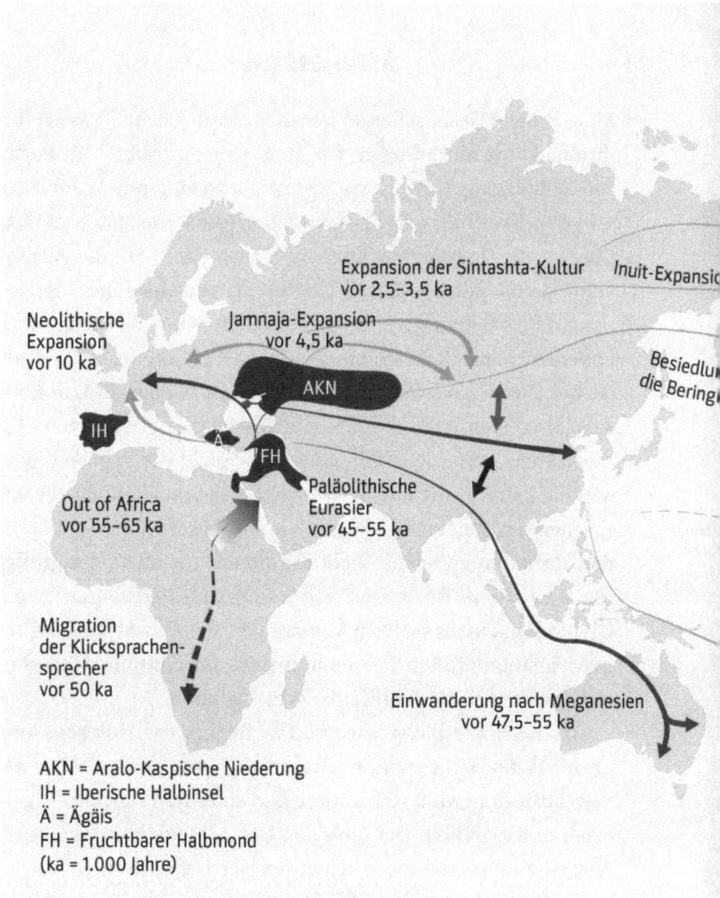

Abbildung 24 | Karte der Ausbreitung des Menschen von Afrika aus. Sie zeigt, dass es im Verlauf der Zeit mehrere Wanderungswellen über alle Kontinente hinweg gab.

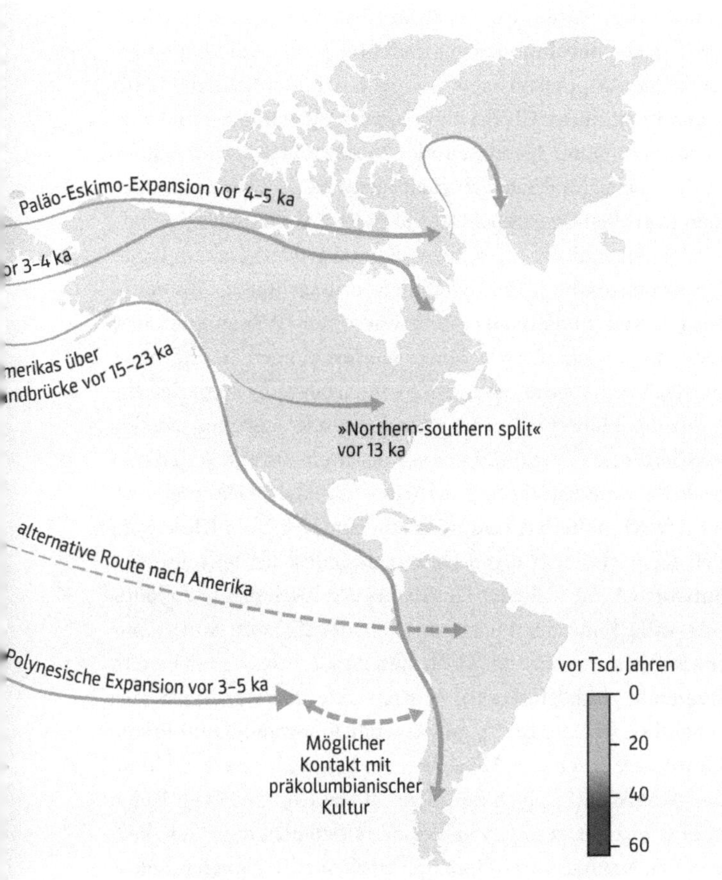
Paläo-Eskimo-Expansion vor 4–5 ka
or 3–4 ka
merikas über
ndbrücke vor 15–23 ka
»Northern-southern split«
vor 13 ka
alternative Route nach Amerika
Polynesische Expansion vor 3–5 ka
Möglicher
Kontakt mit
präkolumbianischer
Kultur
vor Tsd. Jahren
0
20
40
60

konfrontiert waren; die Fauna in Afrika und Eurasien entwickelte sich koevolutionär mit dem Menschen. Auf dem amerikanischen Doppelkontinent und in Australien hatte die Großfauna nicht dieses Glück; ohne Erfahrung waren sie plötzlich mit dem erfolgreichsten Raubtier konfrontiert, das mit Schusswaffen, Feuer und der Fähigkeit ausgestattet war, Jagdstrategien in großen Gruppen zu koordinieren (Abbildung 25).

Das Ausmaß, in dem Jäger-Sammler-Gesellschaften die Massenauslöschung der Großfauna verursachten, ist bis heute Gegenstand anhaltender Debatten unter Wissenschaftlern. Eine der rätselhaftesten Massenauslöschungen ist die unserer nächsten Verwandten, der Neandertaler, die nach der Ankunft des Menschen in Eurasien Tausende Jahre mit uns koexistierten, sich sogar mit uns vermischten, um erst vor 40.000 praktisch auszusterben. Konkurrenz ist eine Erklärung, eine weitere Krankheiten, und noch eine andere ist ein Klimawandel. Klimaveränderungen gelten zumindest als teilweise verantwortlich für viele der Großfauna-Auslöschungen, da kalte Intervalle Ende des Pleistozäns mit der Ankunft von *Homo sapiens* zusammenfielen. Doch dieselben Spezies hatten bereits Dutzende glazial/interglaziale Kreisläufe überstanden. Wahrscheinlich war die Kombination von Klimawandel und Prädationsdruck durch den Menschen ein besonders starker Motor der Auslöschung. Auch der menschliche Gebrauch von Feuer könnte dazu beigetragen haben, da es vielleicht die Häufigkeit und das Ausmaß von Bränden in trockenen Regionen erhöhte und damit als ungewollte Folge natürliche Habitate veränderte und verlagerte.

Heute nutzen Jäger-Sammler-Gesellschaften Feuer auch für die Aufschließung dichter Wälder und die Produktivitäts-

Abbildung 25 | Gemeinschaftliche Jagd auf ein Mammut mithilfe von Speeren mit Steinspitzen.

steigerung der Bodenvegetation, die Wild anlockt und so den Erfolg beim Jagen und bei der Nahrungssuche erhöht. Die ersten Jäger-Sammler haben vielleicht ähnliche Methoden angewendet, um großflächig in die Vegetation einzugreifen. Darüber hinaus formt das Aussterben von großen Pflanzen- und Fleischfressern die Vegetation um. So könnte das vom Menschen (vermutlich) ausgelöste Aussterben des Wollmammuts den Druck auf Holzgewächse vermindert haben, sodass diese auf den weiten Grasländern im Norden Eurasiens, in der Mammutsteppe, wieder wachsen konnten; die Grasländer und die Mammuts verschwanden etwa zur selben Zeit. Es gibt sogar tragfähige Belege dafür, dass der Verlust der Samenverbreitung, die die Großfauna gewährleistet hatte – manche Bäume bringen Samen hervor, die zu groß sind, als dass sie von kleineren Spezies verbreitet werden könnten –, die Regeneration vieler hochproduktiver Baumspezies begrenzten und somit die Kohlenstoffaufnahme durch Wälder verminderten.

Ein Riesenfauna-Anthropozän?

Tragfähiges Beweismaterial bestätigt inzwischen, dass menschliche Jäger-Sammler in den letzten 50.000 Jahren die Flora- und Faunamuster auf der ganzen Erde umgestaltet haben. Auch weisen Belege darauf hin, dass der Verlust der Großfauna und der Gebrauch von Feuer die Vegetation auf allen Kontinenten in einem solchen Grad veränderte, dass sich das Erdklima signifikant wandelte. Eine rasch zunehmende Aufnahme von atmosphärischem Kohlendioxid in den Holzgewächsen führte zur Abkühlung. Doch dichtes Gewächsholz ist, wie das Meer, auch dunkler als karge und schneebedeckte Gebiete und führt durch die Absorption größerer Mengen der Sonnenenergie zur Erwärmung. Diese wird noch verstärkt durch den Austausch von Feuchtigkeit und Energie zwischen der Vegetation und der Atmosphäre. Einige Funde deuten sogar darauf hin, dass die Freisetzung von Methan durch das Verdauungssystem der Großfauna die Erde bedeutend erwärmt haben könnte – sodass ihre Auslöschung den Planeten zum Ende des Pleistozäns möglicherweise abkühlte.

Gegenstand mehrerer wissenschaftlicher Hypothesen ist heute die Anerkennung der globalen Umweltfolgen von vom Menschen ausgelösten Großfauna-Auslöschungen und des verstärkten Einsatzes von Feuer, insbesondere auf dem amerikanischen Doppelkontinent, als Grundlage für ein Anfangsdatum des Anthropozän vor etwa 14.000 Jahren. Diese Annahmen eines schon lange existierenden Anthropozän sind faszinierend und eindrücklich, haben aber vielerlei Mängel. Es besteht kaum Zweifel, dass die vom Menschen verursachten Großfauna-Auslöschungen in die ökologischen Prozesse auf mehreren Kontinenten eingriffen, was Rückwirkungen auf die terrestrische Biosphäre hatte. Doch die Belege dafür, dass diese auch das Erdklima und die Erde als System veränderten, sind sowohl empirisch als auch in Klimasimulationsmodellen weit von einem Niveau entfernt, mit dem man die meisten Wissenschaftler überzeugen könnte. Abgesehen davon, gleichen die vom Menschen verursachten Großfauna-Auslöschungen und Veränderungen der Vegetation denen, die vor dem Auftauchen des Menschen stattfanden, und waren ausgesprochen diachron. Deshalb ist es höchst unwahrscheinlich, dass diese Veränderungen letztlich zur Identifizierung eines goldenen Nagels führen, der zeitlich in verschiedenen Orten auf der ganzen Welt übereinstimmt.

Landwirtschaft

Während menschliche Jäger-Sammler ihre Nischenkonstruktion auf die ganze Erde ausweiteten, veränderten sie die Biosphäre. Doch diese ersten Transformationen verblassen angesichts dessen, was danach kam. Laut Smith und Zeder ist es der »Domestizierungsprozess (...), der die archäologische Signatur für große Manipulationen terrestrischer Ökosysteme durch den Menschen und den Beginn des Anthropozän liefert«. Aufkom-

Abbildung 26 | Zentren der Domestizierung. Orte, an denen mindestens eine Tier- oder Pflanzendomestizierung nachgewiesen wurde. Großregionen sind mit Buchstaben bezeichnet:
A Südwestasien
B Südasien
C Ostasien
D Neuguinea
E Afrika und Arabien
F Nordamerika
G Mittelamerika
H Südamerika

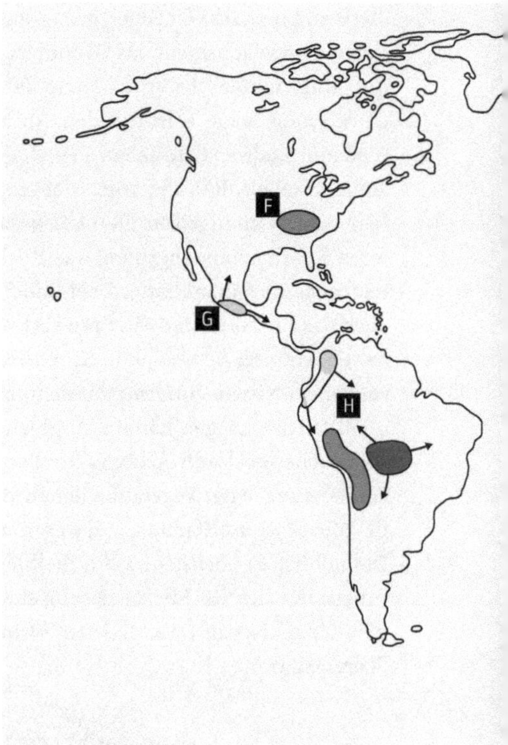

men und Ausbreitung von Agrargesellschaften lösten einen globalen Prozess transformativer Umweltveränderungen aus, der bis heute anhält.

Die Landwirtschaft entwickelte sich aus der prä- und protoagrarischen Nischenkonstruktion von Jäger-Sammlern. Mit dem Anwachsen der Bevölkerung und der Anreicherung der Kultur schufen sie ein vielfältiges Spektrum sozial erlernter

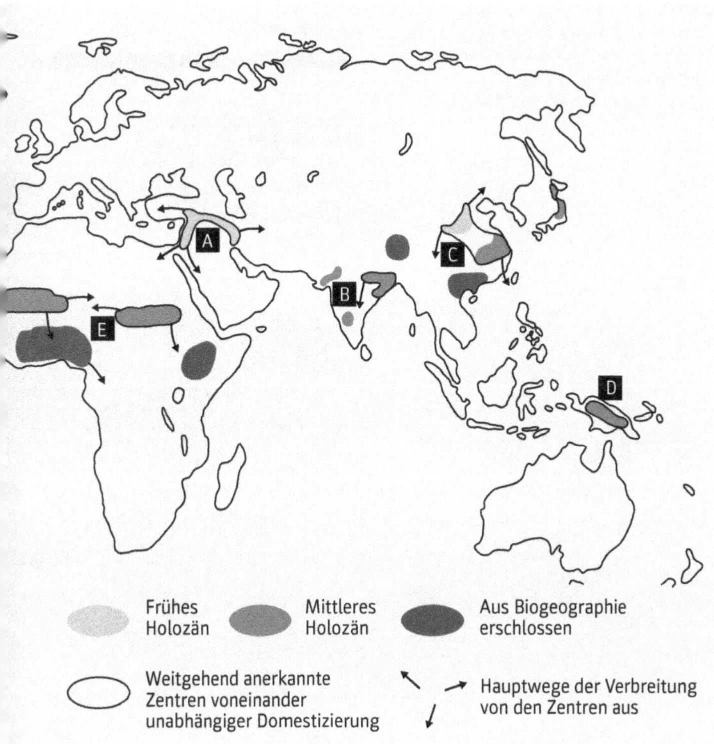

Verhaltensweisen, das sie in die Lage versetzte, die Produktivität ihrer Umwelt zu erhöhen und sich an die von ihren Vorfahren bewirkten Umweltveränderungen anzupassen. Die einst bevorzugte Großfauna und andere Spezies wurden knapp oder waren ganz ausgestorben, die Jäger-Sammler lernten, ihr Nahrungsspektrum zu diversifizieren und damit ihre Nische zu erweitern. Sie verbrannten Vegetation, um neues Wachstum

Abbildung 27 | Zeitskala der frühen landwirtschaftlichen Entwicklung. Sie zeigt die Vielfalt der Wege zur Landwirtschaft in verschiedenen Regionen zu verschiedenen Zeiten.

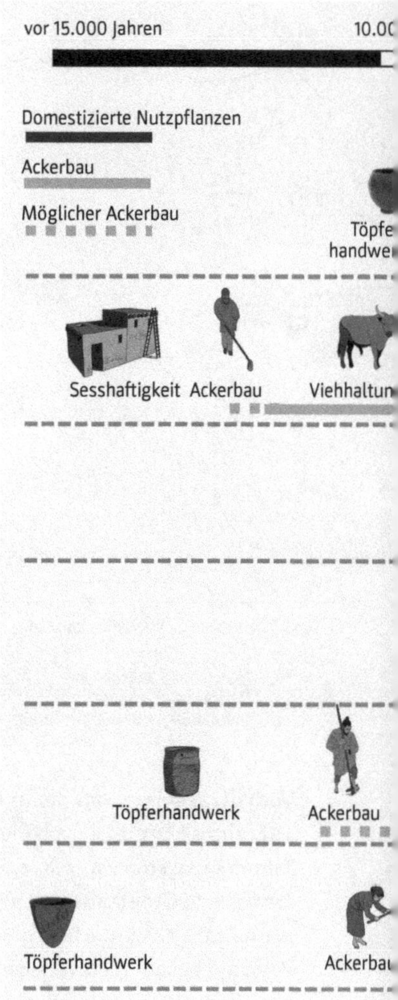

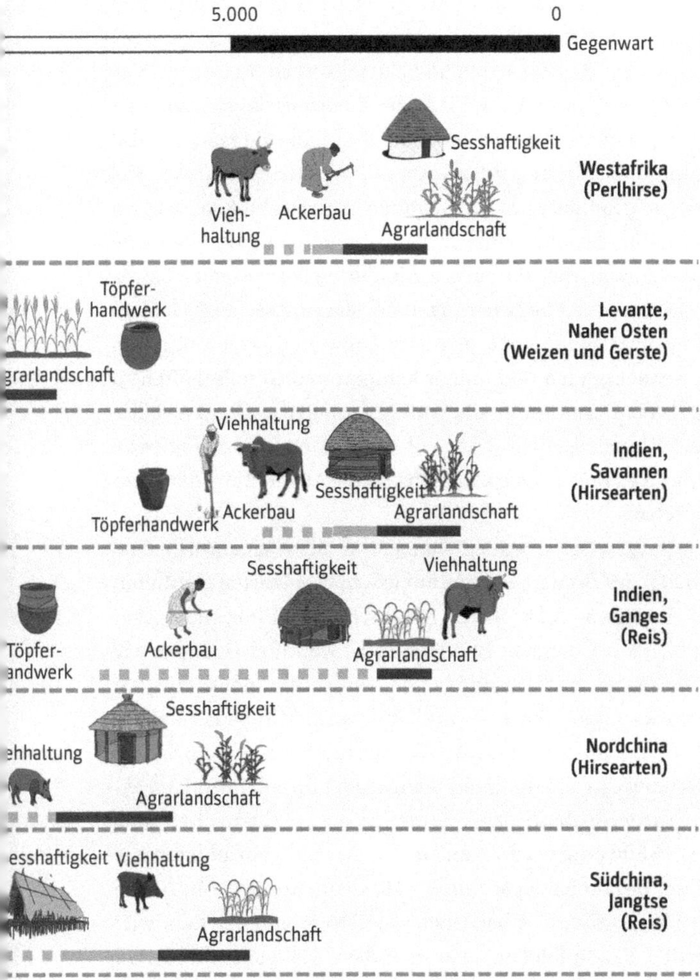

5.000
0
Gegenwart
Sesshaftigkeit
Westafrika (Perlhirse)
Vieh-
haltung
Ackerbau
Agrarlandschaft
Töpfer-
handwerk
Levante, Naher Osten (Weizen und Gerste)
grarlandschaft
Viehhaltung
Indien, Savannen (Hirsearten)
Sesshaftigkeit
Töpferhandwerk
Ackerbau
Agrarlandschaft
Sesshaftigkeit
Viehhaltung
Indien, Ganges (Reis)
Töpfer-
andwerk
Ackerbau
Agrarlandschaft
Sesshaftigkeit
Nordchina (Hirsearten)
ehhaltung
Agrarlandschaft
esshaftigkeit
Viehhaltung
Südchina, Jangtse (Reis)
Agrarlandschaft

zu fördern, erhöhten den Nährwertgewinn des Erjagten oder Gesammelten durch Kochen, Mahlen und effiziente Verarbeitung, sodass sie zum ersten Mal Nutzen aus Getreide und Wurzeln ziehen konnten. Sie säten die Pflanzen, die sie mochten, und regelten die Populationen der Tiere, die sie jagten – und später domestizieren sollten. Diese Praktiken waren zwar viel weniger produktiv als die späteren Agrartechniken, sorgten aber dafür, dass die menschlichen Populationen weit über jene hinaus anwuchsen, die auf unveränderten Ökosystemen basierten. Neben der Abwanderung in bevölkerungsärmere Gebiete waren jetzt zunehmend intensive Umwelteingriffe nötig, um diese wachsenden und immer komplexeren Gesellschaften zu ernähren. Damit waren die Voraussetzungen dafür geschaffen, dass die menschliche Nischenkonstruktion eine völlig neue Stufe erreichte: das Aufkommen und die Ausbreitung der Landwirtschaft.

Agrargesellschaften entstanden in über einem Dutzend Zentren der Domestizierung auf jedem bevölkerten Kontinent mit Ausnahme Australiens (Abbildung 26). Einige entwickelten sich am Übergang zwischen Pleistozän und Holozän, wie in Südwestasien, Südamerika und Nordchina, andere etwa vor 8.000 bis 6.000 Jahren wie in China und in Mittelamerika, wieder andere vor 5.000 bis 4.000 Jahren in Afrika, Indien, Südostasien sowie in den nordamerikanischen Prärien. In einigen Fällen gingen sesshafte Jäger-Sammler zur Landwirtschaft über wie in Südwestasien und um den Jangtsekiang; in anderen wiederum begannen Jäger mit der Herdenhaltung wie in Afrika, oder Jäger-Sammler betrieben mobile Formen der Landwirtschaft (Wanderfeldbau) wie in Indien, Neuguinea und Südamerika (Abbildung 27).

Agrarbevölkerungen wuchsen schneller als Jäger-Sammler-Gesellschaften und traten letztlich in den produktivsten Regionen der Erde direkt an ihre Stelle, oder die Jäger-Sammler veränderten sich, indem sie Agrartechniken übernahmen. Die durch die Landwirtschaft ausgelösten Umwälzungen in Gesellschaft und Umwelt verliefen im Lauf der Zeit keineswegs linear. Zahllose Gesellschaften brachen zusammen und bildeten sich neu. Doch langfristig ist ein Trend hin zu immer größeren Agrargesellschaften durch zunehmend produktive Landnutzungsmethoden oder »Intensivierung der Landnutzung« festzustellen. Beim Wanderfeldbau wurde anfangs der Boden für ein oder zwei Jahre bewirtschaftet, und wenn die Bodenfruchtbarkeit nachließ, rodete man neue Fläche. Agrarbevölkerungen, Nahrungsbedarf sowie die sozialen und kulturellen Fähigkeiten nahmen zu und entwickelten sich weiter; die Anwendung arbeits- und energieintensiverer Techniken wie alljährliche Aussaat von Nutzpflanzen, Bewässerung, Düngung, der Einsatz von Pflügen und andere Methoden erhöhten die Produktivität. Die Intensivierung der Landwirtschaft mithilfe von Dünger begann in Südwestasien und Europa bereits vor 8.000 Jahren, und die Nassreisproduktion wurde in China und Indien bereits für die Zeit vor 7.000 Jahren nachgewiesen. Vor etwa 5.000 Jahren war sie in wichtigen Reisanbauregionen weit verbreitet.

Eine Fülle von Belegen bestätigt, dass die landwirtschaftliche Bodennutzung um die Mitte des Holozäns weit verbreitet war, etwa Boden- und Sedimentablagerungen aufgrund erhöhter Bodenerosion; Holzkohle; Überreste von Nutzpflanzen und Unkraut, beispielsweise Pollen, Stärkekörner und Phytolithe (Kieselerdekristalle, die in Pflanzenzellen gebildet wer-

Abbildung 28 | Weltkarte der Landnutzungsgeschichte. Sie zeigt den Beginn der ersten Intensivierung der Landnutzung.

den); Knochen und andere Überreste von Nutzvieh; Veränderungen in der Isotopen-Zusammensetzung von Böden und fossilisiertem Dung sowie langfristige Veränderungen in der Vegetationsstruktur und der Spezieszusammensetzung nach den ersten Rodungen und dem Beginn der Bodenbearbeitung. Man erkennt zunehmend, dass die heutigen Wälder vom Mittelmeerraum bis in die Tropen das biokulturelle Erbe dieser

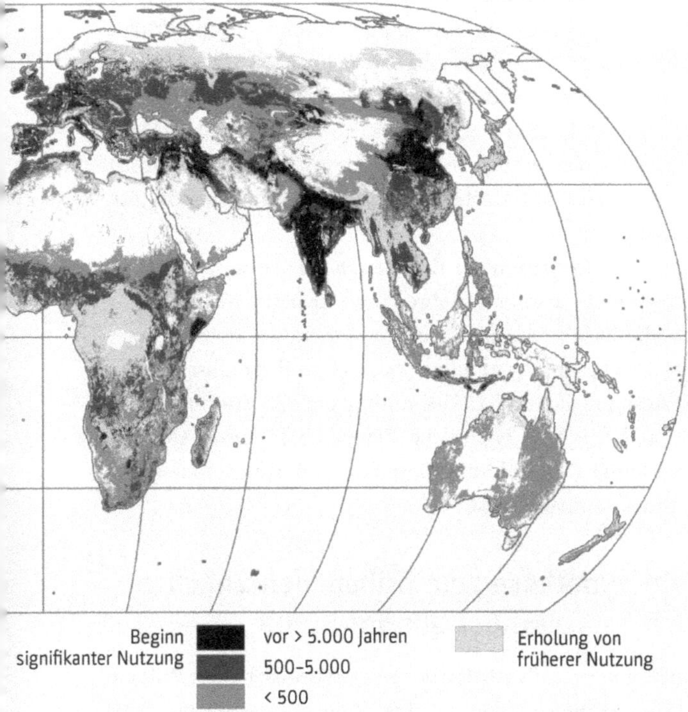

ältesten Bodennutzung sind. Die landwirtschaftliche Bodennutzung führte auch zu anthropogenen Böden, zum mit Dünger angereicherten »Plaggenesch« in Nordwesteuropa, dessen Entstehung möglicherweise bis 4.000 v. Chr. zurückreicht, oder zur an Holzkohle und Abfallstoffen reichen »Terra preta« aus der Zeit um 500 v. Chr., die man im Amazonasbecken findet und die vielleicht auch in Afrika entstand. Hinzu kommen verschiedene »Anthrosole«, das heißt durch Düngung, Bodenbearbeitung, Bewässerung und andere Landnutzungspraktiken stark veränderte Böden in unterschiedlichsten Regionen. Die weitverbreiteten anthropogenen Böden wurden als goldener Nagel für den Beginn des Anthropozän vor circa 2.000 Jahren vorgeschlagen, allerdings mit geringen Aussichten für eine Anerkennung als GSSP, da ihre Ursprünge diachron über die Zeit verlaufen.

Die Transformation der Erde durch die Landwirtschaft begann vor mehr als 10.000 Jahren, und bis heute werden natürliche Habitate in Agrarland umgewandelt, um domestizierte Spezies zu ernähren (Abbildung 28). Nach ihrer allmählichen, Jahrtausende dauernden Ausbreitung auf alle Kontinente hat die Landwirtschaft zahlreiche Zeugnisse hinterlassen; ihre Auswirkungen veränderten Biosphäre und Atmosphäre sowie das Erdsystem insgesamt.

Die Hypothese vom frühen menschlichen Einfluss auf das Klima

Im Jahr 2003 veröffentlichte der Klimawissenschaftler William Ruddiman einen Artikel mit dem Titel »The Anthropogenic Greenhouse Era began Thousands of Years ago«. Darin behauptete er, durch Waldrodungen für die Landwirtschaft und Nassreisanbau hätten die ersten Bauern bereits so hohe Kohlendioxid- und Methanemissionen verursacht, dass sich deren Konzentrationen in der Erdatmosphäre signifikant verändert hätten (Abbildung 29). Damit hätten sie einen Erwärmungseffekt ausgelöst, der das nächste Glazialintervall verzögert habe. Ruddimans »Frühe-Anthropogen-Hypothese« wurde

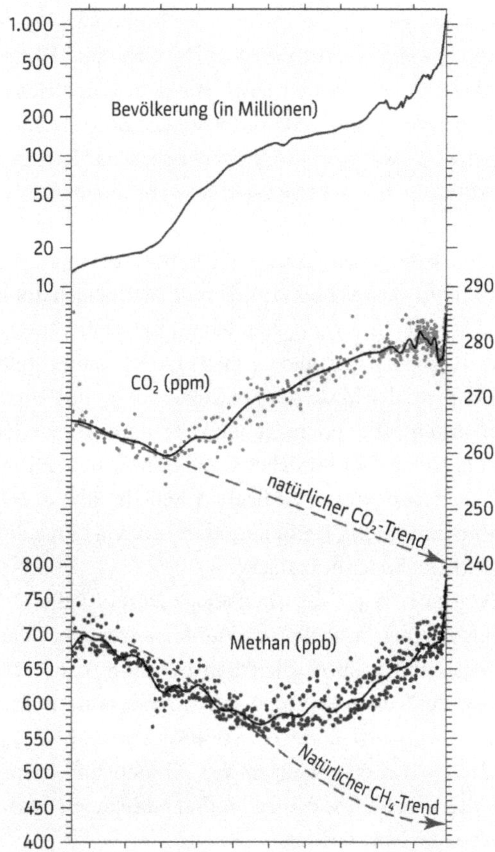

Abbildung 29 | Nach der Ruddiman-Hypothese weichen die präindustriellen Veränderungen im CO_2- und Methangehalt der Atmosphäre zur Mitte des Holozäns von denjenigen vorheriger Interglaziale ab. Diese Abweichungen seien auf Rodungen für die Landwirtschaft (CO_2) zurückzuführen bzw. im Falle von Methan auf Reisanbau sowie auf als Haustiere gehaltene Huftiere (vor allem Rinder und Büffel).

seit der Veröffentlichung in Dutzenden Forschungsartikeln auf den Prüfstand gestellt. Einige Teile der Ruddiman-Hypothese sind nach wie vor umstritten. Doch die Grundannahme, dass menschliche Gesellschaften lange vor dem Industriezeitalter in der Lage waren, die Funktionsweise der Erde als System zu transformieren, wird von Erdsystemwissenschaftlern nach wie vor ernsthaft in Betracht gezogen und von mehreren Beweissträngen gestützt.

Ruddiman vergleicht in seiner Hypothese die »natürlichen« Abwärtstrends des Kohlendioxid- und Methangehalts in der Atmosphäre, die in vorhergehenden interglazialen Intervallen festgestellt wurden, mit denen im Holozän. Dabei stellt sich heraus, dass ab der Mitte des Holozäns, vor 5.000 Jahren, die Methankonzentrationen nicht mehr abnahmen, sondern zu steigen begannen. Ein ähnlicher Trend ist bei Kohlendioxid mit Beginn vor 7.000 Jahren zu beobachten. Ruddiman schreibt diese Abweichung den Treibhausgasemissionen durch die landwirtschaftliche Bodennutzung zu.

Im Jahr 2011 zeigte der Archäologe Dorian Fuller anhand eines historischen Modells von Reisanbaugebieten, dass die Methanemissionen durch die frühe Reisproduktion für etwa 80 Prozent des frühen anthropogenen Trends atmosphärischen Methans verantwortlich gewesen sein könnten (Abbildung 30). Nachfolgende Untersuchungen von Kohlenstoffisotopen haben bestätigt, dass diese frühen Methanemissionen tatsächlich anthropogener Natur waren.

Die Erklärung für die Abweichung bei den Kohlendioxidemissionen ist etwas schwieriger, zum Teil deshalb, weil die globalen biogeochemischen Kreisläufe, die das CO_2 in der Atmosphäre regulieren, komplexer und nicht so leicht zu messen sind

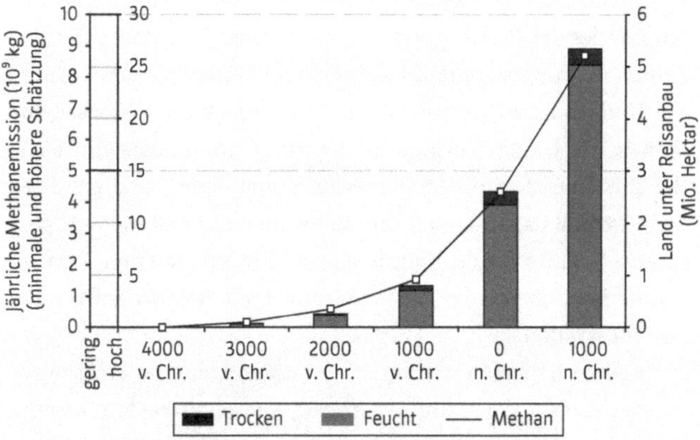

Abbildung 30 | Methanemissionen durch Trocken- und Nassreisanbau zwischen 4000 v. Chr. und 1000 n. Chr.

wie die Methanemissionen. So müssen dabei beispielsweise die Kohlenstoffemissionsraten durch Rodungen, das Abbrennen von Pflanzen oder die Bodenbearbeitung berücksichtigt werden sowie die Kohlenstoffaufnahme beim Nachwachsen von Vegetation, wenn das Land verlassen wurde. Außerdem müssen die Emissionen gegen die Kohlenstoffaufnahme durch die Meere, Moore und andere Elemente des globalen Kohlenstoffkreislaufs abgewogen werden.

Kritiker fragen, wie die kleinen Agrarbevölkerungen in der Mitte des Holozäns, vor allem die wenigen Millionen Menschen, die vor 7.000 Jahren lebten, eine solch relativ große Landfläche hätten roden und bewirtschaften können und warum die Emissionen mit dem Bevölkerungswachstum im weiteren Verlauf des Holozäns (zunächst) anscheinend nicht anstiegen. Wenn

Emissionen auf der Grundlage einer konstanten Menge genutzten Landes pro Person geschätzt werden, sind die Raten für die frühen Rodungen und Kohlenstoffemissionen viel zu gering, um Ruddiman zu stützen. Wenn man jedoch die historischen Trends der Intensivierung der Landnutzung einbezieht, also die Tatsache, dass die frühen Bauern viel mehr Land pro Person nutzten als die Bauern heute (wenn auch weitaus weniger intensiv), dann folgen Rodungen und Emissionen den Trends, wie sie ähnlich von der Mitte bis zum Ende des Holozäns festgestellt wurden.

Jüngere Klimasimulationen bestätigen, dass die Treibhausgasemissionen der früheren Agrargesellschaften den Klimaverlauf der Erde durchaus haben verändern können, allerdings sind Umfang und Zeit dieser Veränderung noch Gegenstand weiterer Untersuchungen. Die Annahme, dass es von der Zeit vor 7.000 Jahren an zu großen durch die Landwirtschaft verursachten CO_2-Emissionen kam, ist nach wie vor plausibel, aber auch umstritten. Die frühen Methanemissionen durch Reisproduktion hingegen sind inzwischen als Erklärung für einen erheblichen Anstieg der atmosphärischen Methankonzentrationen vor etwa 5.000 Jahren allgemein akzeptiert. Markiert in einer Eiskernsequenz ähnlich derjenigen, die das Holozän definiert, könnten die frühen anthropogenen Veränderungen in der atmosphärischen Methankonzentration womöglich als goldener Nagel für die untere Grenze des Anthropozän dienen. Allerdings gibt es Probleme, weitere globale Entsprechungen über den Eiskern hinaus zu finden, sodass es schwierig sein dürfte, sie als formale chronostratigraphische Grenze in die geologische Zeitskala zu übernehmen.

Wachstum in Höhe und Breite

Trotz periodischer Zusammenbrüche einzelner Gesellschaften wuchsen Agrarbevölkerungen vor 6.000 Jahren weiter, verdichteten sich und verbreiteten sich auf allen Kontinenten mit Ausnahme Australiens. Zunehmend intensive und produktive Landnutzungssysteme entstanden zur Ernährung einer immer höheren Bevölkerung. Die höheren Erträge dieser Systeme führten zu Überschüssen, die durch Handel abgebaut wurden. Mit Aufkommen des Handels und seiner Besteuerung entstanden urbane, zunehmend hierarchische und komplexe Gesellschaften mit speziellen Rollen vom Künstler über den Kaufmann bis zum König. Neue Instrumente wie Geld oder Schrift wurden erfunden als Anpassung an das Leben in einer neuen sozialen Welt, neue Metalle waren der Schlüssel für neue Waffenarten. Die Massenproduktion in größeren urbanen Gesellschaften bot vielfältige Vorteile, ermöglichte mehr Wohlstand sowie das Aufkommen neuer Dienstleistungen, was wiederum mehr Menschen vom Land in die weiter wachsenden Städte zog – eine Entwicklung, die periodisch durch den Ausbruch von Krankheiten unterbrochen wurde. Die ersten Städte mit 50.000 Bewohnern und mehr wurden zu Macht- und Handelszentren größerer Gesellschaften, beginnend um 3.000 v. Chr. im Tal des Indus.

Um die Zeitenwende florierte eine Reihe von Städten mit Hunderttausenden Einwohnern im ganzen Nahen Osten, in Europa und Asien und wurden zunehmend abhängig von ausgedehnten Handelsnetzen, von denen sich manche über Kontinente erstreckten wie die Seidenstraße, die Westeuropa mit China verband, sowie von einer wachsenden Zahl von Seewegen. Die menschlichen Gesellschaften nahmen an Größe zu und dehnten sich zugleich räumlich aus.

Durch Handel, Kriege, Religion und andere Wechselwirkungen wurden Gesellschaften mehr und mehr in »Weltsystemen« des Austauschs miteinander verbunden. Kulturelles Wissen, Artefakte, natürliche Ressourcen und lebende Organismen verbreiteten sich in raschem Tempo, sowohl absichtlich in Form von Handelsgütern als auch ungewollt im Falle von Schädlingen und Krankheitserregern. Straßen und Wasserwege wurden gebaut, um Güter über lange Entfernungen zu transportieren. Neue Länder und unbekannte Gesellschaften wurden entdeckt und erforscht, Bevölkerungen mischten sich, reger Handel wurde betrieben – befördert durch zunehmend seetaugliche Wasserfahrzeuge und Navigationstechniken, die die Grundlage dafür bildeten, dass die offenen Meere zu Highways des Austauschs wurden.

Obwohl sie nur über traditionelle Techniken verfügten, breiteten sich polynesische Gesellschaften vor etwa 3.500 Jahren mit Booten über die Inselwelt des Pazifik aus. Sie brachten eine Reihe domestizierter Arten mit, von Bananen und Süßkartoffeln bis hin zu Hunden, Schweinen und Hühnern sowie ungewollt auch Ratten. Die Kolonisierung anderer Länder durch eine komplexe Agrargesellschaft führte zu einer tief greifenden Transformation von Landschaften und Ökosystemen durch Feuer, Rodung, die Züchtung domestizierter Spezies und die Einführung neuer Tier- und Pflanzenarten, die einheimische Spezies verdrängten. Der typische Beweis für landwirtschaftliche Kolonisierung in Form von kulturellen Artefakten, Holzkohle, erodierten Böden, neuen Spezies und weitverbreitetem Artensterben ist im gesamten Pazifikraum von Hawaii bis Neuseeland deutlich sichtbar.

Ein globales Weltsystem

Während die Gesellschaften der »Alten Welt« schon vor mehr als 2.000 Jahren im Austausch miteinander standen, waren menschliche Gesellschaften noch nicht global vernetzt, auch wenn sie sich auf allen Kontinenten mit Ausnahme der Antarktis ausgebreitet hatten. Zunehmende europäische Bedürfnisse nach Wohlstand, Macht und Einfluss änderten dies und führten, beginnend vor 500 Jahren, zum ersten bedeutenden wechselseitigen kulturellen und biologischen Austausch zwischen Europa und dem amerikanischen Doppelkontinent. Dessen zufällige »Entdeckung« durch Christoph Kolumbus setzte einen globalen sozialen und ökologischen Wandel in Gang, wie es ihn nie zuvor gegeben hatte, den »Columbian Exchange« oder »Kolumbus-Effekt«, durch den die Alte und die Neue Welt miteinander verschmolzen. Gefördert durch das europäische Bestreben, Wohlstand aus dem amerikanischen Doppelkontinent zu ziehen, wurden menschliche Gesellschaften erstmals in einem wirklich globalen Weltsystem sozialen, materiellen und biologischen Austauschs integriert.

Europäer waren gierig nach Gold, Gewürzen und anderen seltenen natürlichen Ressourcen – und sie hatten eine Vielzahl transformativer sozialer und biologischer Kräfte im Gepäck: neue kulturelle Praktiken, Technologien, domestizierte Spezies und Krankheiten. Amerikanische Kartoffeln, Tomaten, Chilipfeffer und Mais verwandelten Landbausysteme weltweit,

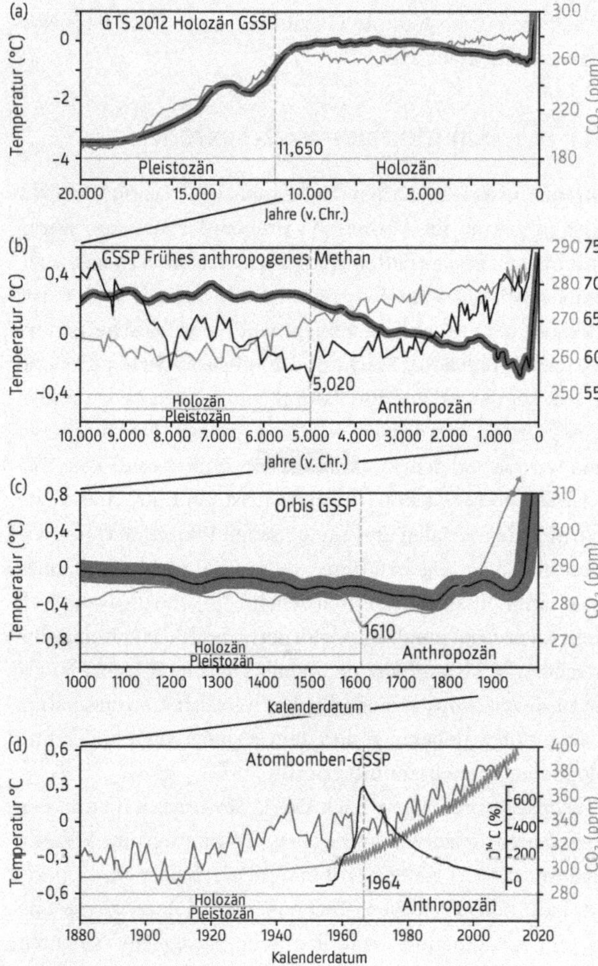

(a)
GTS 2012 Holozän GSSP
Temperatur (°C)
0
-2
-4
300
260
220
180
CO2 (ppm)
11,650
Pleistozän
Holozän
20.000
15.000
10.000
5.000
0
Jahre (v. Chr.)
(b)
GSSP Frühes anthropogenes Methan
Temperatur (°C)
0,4
0
-0,4
290 750
280 700
270 650
260 600
250 550
CO2 (ppm) und CH4 (ppb)
5,020
Holozän
Pleistozän
Anthropozän
10.000 9.000 8.000 7.000 6.000 5.000 4.000 3.000 2.000 1.000 0
Jahre (v. Chr.)
(c)
Orbis GSSP
Temperatur (°C)
0,8
0,4
0
-0,4
-0,8
310
300
290
280
270
CO2 (ppm)
1610
Holozän
Pleistozän
Anthropozän
1000 1100 1200 1300 1400 1500 1600 1700 1800 1900
Kalenderdatum
(d)
Atombomben-GSSP
Temperatur °C
0,6
0,3
0
-0,3
-0,6
400
380
360
340
320
300
280
CO2 (ppm)
Δ14 C (%)
600
400
200
0
1964
Holozän
Pleistozän
Anthropozän
1880 1900 1920 1940 1960 1980 2000 2020
Kalenderdatum

nicht nur in Europa, sondern auch in Asien und Afrika. Nutzvieh, von Pferden (einheimische Pferde waren bei der pleistozänen Auslöschung ausgestorben) bis zu Rindern und Schweinen, veränderten die Lebenssicherungsstrategien auf dem gesamten amerikanischen Kontinent. Viele weitere Arten gingen auf die Reise, Flora- und Faunapopulationen, die sich über Millionen Jahre getrennt auf verschiedenen Kontinenten entwickelt hatten, mischten sich in einem raschen Prozess der »biotischen Homogenisierung«. All diese Veränderungen hinterließen Einträge in Gesteinsschichten, wobei jedoch ein bestimmter biologischer Austausch wegen seines Effekts einer raschen Transformation besonders herausragte.

Man schätzt, dass die Einführung der Pocken und anderer Krankheiten der Alten Welt zwischen 1492 und 1650 über 50 Millionen indigene Amerikaner das Leben kostete, Menschen, die nie zuvor mit derartigen Erregern in Berührung gekommen waren. Ganze Gesellschaften brachen angesichts des raschen Bevölkerungsschwunds von 50 bis über 90 Prozent zusammen. Durch indigene Austauschwege breiteten sich Epidemien mit einer solchen Geschwindigkeit aus, dass viele dieser Gesellschaften ausgelöscht worden sind, bevor sie von Europäern entdeckt wurden. Zwangsarbeit, Umsiedlungen, koloniale Gewalt und Sklaverei beschleunigten die Dezimierungen zusätzlich. Bevor Europäer amerikanische Landschaften in auf

◂ **Abbildung 31** | Erste GSSP-Vorschläge für ein Anthropozän im Vergleich mit (a) dem Holozän aufgrund von CO_2-Veränderungen im Zusammenhang mit dem glazialen/interglazialen Übergang vor 11.650 Jahren, (b) einem anthropogenen Methananstieg vor 5.020 Jahren (Ruddiman-Hypothese), (c) dem Orbis-»Spike« bezüglich CO_2, circa 1610, und (d) dem Radiokarbon-Peak (^{14}C) in Baumringen, circa 1964, hervorgerufen von atmosphärischen Atombombentests.

Gewinn ausgerichtete Plantagen und Ranches großen Stils umwandelten, waren die indigenen Gesellschaften, die lange Zeit Nutzpflanzen angebaut und Feuer zur Regulierung ihrer Vegetation nutzten, auf einen winzigen Anteil ihrer früheren Größe zusammengeschrumpft. Wälder, die so viel Kohlenstoff aufnahmen, dass sie das atmosphärische Kohlendioxid vielleicht signifikant verminderten, eroberten Terrain zurück – ein Effekt, der in der Messung von Eiskernen aus der Zeit um 1610 gezeigt werden konnte.

In einer 2015 in der Zeitschrift *Nature* veröffentlichten Übersicht über die Vorschläge für Anthropozän-GSSPs fügten der Erdsystemwissenschaftler Simon Lewis und der Ökologe Mark Maslin einen eigenen hinzu: den »Orbis-Spike« (Abbildung 31). Orbis (lateinisch für Erdkreis) markiert den Columbian Exchange als Beginn des Anthropozän, im Zuge dessen die Kollision der Alten und Neuen Welt den Menschen nicht nur zur globalen Spezies machte, sondern auch zu einer globalen Kraft mit nie da gewesenen geologischen Folgen wie beispielsweise der Homogenisierung der Erdbiota. Darüber hinaus befeuerten die beispiellosen gesellschaftlichen Veränderungen, die Extraktion von Ressourcen sowie die kommerzielle Landnutzung die Entwicklung von Industriegesellschaften. Das erste globale menschliche System entfaltete sich im Lauf von 100 Jahren und hinterließ dauerhafte, wenn auch größtenteils diachrone Zeugnisse der weltweiten Homogenisierung von Flora und Fauna sowie die üblichen materiellen Belege für einen transformativen sozioökologischen Wandel.

Menschenzeit

Wie der Archäologe Matthew Edgeworth und andere in einem Artikel mit dem Titel »Diachronous Beginnings of the Anthropocene« feststellten, sind »Archäologie und Geologie verwandte Disziplinen« und beruhen weitgehend auf denselben stratigraphischen Prinzipien. Geologen und Archäologen arbeiten oft an ein und derselben Stelle zusammen, wobei sich die Geologen auf die natürlichen Prozesse konzentrieren, die einen Ort im Lauf der Zeit geprägt haben, während Archäologen die unteren Grenzen bestimmen, an denen der Mensch selbst Schichten anthropogener Materialablagerungen gebildet hat - was Edgeworth als »Archäosphäre« bezeichnet. Mit anderen Worten: Der Beginn der Archäosphäre könnte als Trennlinie zwischen der stratigraphischen Expertise von Geologen und Archäologen betrachtet werden.

Die materiellen Zeugnisse, die von archäologischen Stratigraphen untersucht werden, sind besonders komplex, heterogen und häufig diachron (Abbildung 32). In der Regel werden Ablagerungen einer Gesellschaft oder auch nur eines Haushalts von einer anderen überprägt, sei es durch das Ausheben von Gräben, Fundamenten oder Gräbern; es folgen gegebenenfalls weitere Gebäude, weitere Abfälle und Unrat, und all das wird gegebenenfalls wiederum von Sedimenten bedeckt, die durch Überschwemmungen und andere natürliche Prozesse entstehen. Es kann Korrelationen zwischen Schichten verschiedener Orte geben, weil sie eine ähnliche Tiefe oder Zusammensetzung aufweisen, aber das ist nicht immer der Fall. Sie mag an einer Stelle von Katakomben, tiefen Brunnen und U-Bahn-Tun-

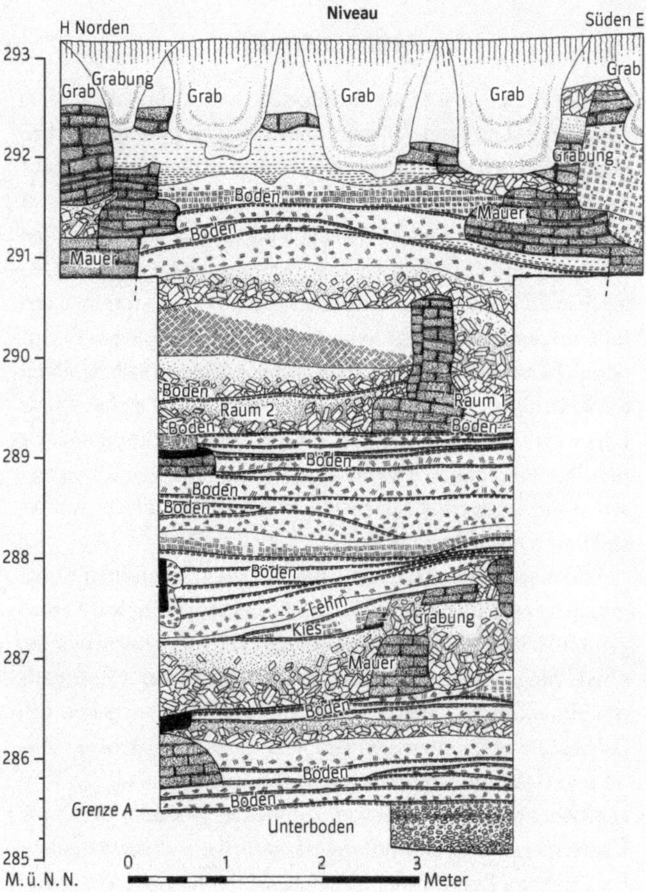

Abbildung 32 | Stratigraphisches Profil anthropogener Ablagerungen einer Siedlung in Syrien, die in der Zeit vor etwa 11.000 bis 7.000 Jahren bewohnt wurde.

Holozän	**Eisenzeit** ca. 3 ka vor heute
	Bronzezeit ca. 5 bis 3 ka vor heute
	Epipaläolithikum | Neolithikum *Übergang | Landwirtschaft* ca. 10 bis 5 ka vor heute
Pleistozän	**Oberes Paläolithikum** *»Modernes« Verhalten* ca. 50 bis 10 ka vor heute
	Mittleres Paläolithikum *Anatomisch moderne Menschen* ca. 300 bis 50 ka vor heute
	Unteres Paläolithikum *Prä-Homo-sapiens* vor ca. 3,3 Mio. Jahren

Abbildung 33 | Das Drei-Zeitalter-System der Archäologie. Die »lithischen« Zeitalter stellen die »Steinzeit« dar, die gegen die nachfolgenden »Metallzeiten« (Bronze- und Eisenzeit) abgegrenzt wird. Dieses allgemeine Muster von Kulturwechseln ist nicht überall zu finden und wird manchmal auch ergänzt durch detailliertere Zeiteinteilungen, die für bestimmte Orte und Regionen relevant sind.

neln durchbrochen sein, an einer anderen von Humusrelikten, künstlich angelegten Auen, einer Deponie oder einem Hügel, bestehend aus mehreren Siedlungsschichten, überdeckt sein, die Jahrtausende repräsentieren (einem »Ruinenhügel« oder »Tell«, wie sie im Nahen Osten häufig vorkommen). Auf jeder Stufe, vom einzelnen Untersuchungsort über die Region und bis zur weltweiten Betrachtungsebene, ist die Archäosphäre höchst heterogen und diachron. Aus der Sicht Edgeworth' und der von vielen anderen Archäologen ist nicht nur die Archäosphäre von Diachroniziät gekennzeichnet, sondern auch das Anthropozän selbst.

Auch Archäologen wenden stratigraphische Methoden an, um daraus Kalender menschlicher Geschichte abzuleiten (Abbildung 33). Doch im Gegensatz zur geologischen Zeit sind selbst die am stärksten generalisierten Kalender bewusst diachron angelegt. Denn es ist ihr Ziel, die verschiedenen Entwicklungswege verschiedener Gesellschaften an verschiedenen Orte zu unterschiedlichen Zeiten zu charakterisieren. Es gibt ein allgemeines System archäologischer »Zeitalter«, deren erstes mit den ersten Steinwerkzeugen im Paläolithikum oder der Altsteinzeit beginnt, die mit dem Pleistozän endet. Das Holozän beginnt mit epipaläolithischen Gesellschaften, die größtenteils die paläolithische Lebensweise beibehielten, und neolithischen Gesellschaften, die Landwirtschaft betrieben. Die Gesellschaften der Bronze- und Eisenzeit sind an der Fähigkeit zu erkennen, diese Metalle zu produzieren, sowie damit einhergehenden Veränderungen auf sozialer Ebene und in Bezug auf die Komplexität der Gesellschaft. Doch trotz bemerkenswerter Parallelen in ihrer jeweiligen Entwicklung tauchten neolithische Gesellschaften auf der ganzen Welt zu verschiedenen Zeiten und Orten auf, etwa auf dem amerikanischen Kontinent, im Nahen Osten und in Ostasien. Archäologen benötigen außerdem detailliertere lokale und regionale Zeitsysteme, um die Entwicklungsperioden verschiedener Gesellschaften zu interpretieren. Kurzum: Die Archäologie hat nicht das Ziel, eine weltweit synchrone Zeitskala sozialen Wandels oder seiner Folgen für die Umwelt herzustellen.

Dicker und tiefer

Das Anthropozän erzählt uns von der Fähigkeit des Menschen, die Erde zu verändern. Aber wann beginnt diese Geschichte? Die Arbeitsgruppe Anthropozän konzentriert sich auf die Mitte des 20. Jahrhunderts als den geeignetsten Zeitpunkt für ein GSSP, das den Beginn der anthropozänen Epoche in der geologischen Zeitskala markiert – unterschlägt aber nicht, dass es bereits weitaus früher anthropogene Einflüsse gab. Für Archäologen, Anthropologen, Geographen, Geologen und andere, deren Hauptaugenmerk auf den langfristigen Ursachen statt auf den Folgen anthropogener globaler Umweltveränderungen liegt, beginnt das Anthropozän lange vor 1950.

Bei einem früher einsetzenden Anthropozän würden die Auslöschungen der Großfauna am Ende des Pleistozäns, das Aufkommen und die Verbreitung der Landwirtschaft, der Anstieg des atmosphärischen Methans durch die Reisproduktion vor 5.000 Jahren, das Auftreten weitverbreiteter anthropogener Böden vor 2.000 Jahren, die Bildung eines globalen Weltsystems vor circa 500 Jahren (der Orbis-Spike) oder der Beginn des industriellen Zeitalters vor circa 200 Jahren den Ausschlag geben. Manche dieser Vorschläge für frühere GSSP enthalten stratigraphische Belege wie die bereits erwähnten Signale in Eiskernen, obwohl die Arbeitsgruppe Anthropozän der Ansicht ist, dass sie nicht die stratigraphischen Kriterien für die Aufnahme in die geologische Zeitskala erfüllen.

Smith und Ziegler argumentierten, es bestehe kein Bedarf an einem neuen GSSP. Man könne das Holozän auch einfach in »Holozän/Anthropozän« umbenennen. Man könnte auch die Anfänge der Transformation der Erde durch den Menschen in ein nicht geologisches Intervall legen, ein »Paläoanthropozän«. Andere wie Ruddiman schlagen wegen der Kontinuität der anthropogenen Umweltveränderungen vor, das Anthropozän überhaupt nicht zu formalisieren, sondern das Wort nur metaphorisch zu verwenden. All diesen Vorschlägen gemeinsam aber ist die Feststellung einer langen, reichhaltigen und diachronen Geschichte der Transformation der Ökologie der Erde durch den Menschen. Die industrielle Revolution und die Große Beschleunigung sind darin lediglich die jüngsten und wirkungsvollsten Kapitel in einer langen, verwickelten und sich entfaltenden Geschichte dieser Transformation, einer Geschichte, die noch nicht an ihr Ende gekommen ist.

Die Stratigraphen der Menschenzeit sind sich einig, dass die Prozesse, in denen sich menschliche Gesellschaften und ihre Umwelt verändern und entwickeln, kumulativ, anhaltend, heterogen, diachron und komplex sind. Die materiellen Zeugnisse anthropogener Umwelttransformationen sind ebenfalls komplex und diachron, reichen tief in unsere Vergangenheit und finden sich auf der ganzen Erde wieder. Aus archäologischer Sicht gibt es nichts, was an der Veränderung der Ökologie der Erde durch den Menschen neu oder ungewöhnlich ist. Die Welt des Menschen ist immer anthropogen. Nahezu jede menschliche Gesellschaft in der Erdgeschichte lebte in einer Umwelt, die von ihren Vorfahren verändert wurde.

Die ersten Eingriffe des Menschen in das Erdsystem waren zweifellos geringeren Ausmaßes und vollzogen sich weniger schnell als die heutigen, aber die Zeugnisse, die sie hinterlassen haben, sind ebenso dauerhaft wie die später entstandenen – sie liegen nur tiefer und sind weiter im Sand der Zeit verstreut. Archäologen sind jedoch der Ansicht, dass es wichtig ist, gerade diese schrittweise Bildung anthropogener Schichten und Merkmale von der Prähistorie bis heute zu untersuchen; eine genaue Grenze in Zeit und Gestein zu identifizieren, die eine weltweit signifikante Transformation der Erde durch den Menschen markiert, ist hingegen nicht ihr Anliegen.

KAPITEL 6

Oikos

Die Umformung der Ökologie durch den Menschen hat von Beginn an den Übergang zum Anthropozän bestimmt. Massenauslöschung und invasive Arten, Treibhausgasemissionen, Klimawandel, Veränderungen von Böden und Hydrologie, die massive Umformung natürlicher Habitate in anthropogene Landschaften – all das ist ein Resultat des anthropogenen ökologischen Wandels. Ökologie- und Umweltwissenschaft leisten einen wichtigen Beitrag zur näheren Bestimmung dieses Wandels, doch sie tun sich auch schwer, sie als mehr als eine temporäre Störung einer ansonsten natürlichen Welt zu begreifen.

So stellt das Anthropozän beispielsweise diejenigen, die sich bemühen, natürliche Habitate zu bewahren oder wiederherzustellen, vor noch größere Herausforderungen. Was bedeutet überhaupt »natürliches Habitat« auf einem Planeten, der ständig vom Menschen verändert wird?

In einem Kontroversen auslösenden Essay aus dem Jahr 2011 mit dem Titel »Conservation in the Anthropocene« schrieb Peter Kareiva, damals leitender Wissenschaftler einer der größten Naturschutzorganisationen der Welt, der Nature Conservancy:

»Das weltweite Ausmaß dieser Transformation gibt der tiefen Sehnsucht der Naturschützer nach der Wildnis und einer vergangenen unberührten Natur Nahrung. Doch dass sie im Zeitalter des Anthropozän weiterhin den Schwerpunkt auf die Bewahrung von Inseln holozäner Ökosysteme legt, ist sowohl anachronistisch als auch kontraproduktiv.«

Auch wenn die Befunde der ökologischen Wissenschaft zur Charakterisierung des Anthropozän beitragen, hat die Ökologie als Disziplin ein neues Gesicht bekommen, weil es notwendig war, die Ökosysteme einer durch menschliche Gesellschaften transformierten Erde zu untersuchen. So sind neue Paradigmen entstanden, die den Wert der Natur und die Rolle des Menschen bei der Formung und Gestaltung der Ökologie einer zunehmend anthropogenen Biosphäre neu definieren.

Die Teilung der Natur

Die Ökologie – das Wort ist abgeleitet vom griechischen »oikos« (»Haus«) – ist eine relativ neue und integrative wissenschaftliche Disziplin, die schwerpunktmäßig die Interaktionen zwischen Organismen und ihren Umwelten untersucht, etwa die »Nahrungsketten«, welche Fleischfresser, Pflanzenfresser und Pflanzen miteinander verbinden; die räumlichen Muster von Pflanzen- und Tierpopulationen; die biochemischen Flüsse zwischen Organismen und ihrer abiotischen Umgebung. Die Ende des 19. Jahrhunderts begründete Ökologie hat tiefe Wurzeln in der Naturgeschichte, die bis zu Aristoteles und weiter zurückreicht. Charles Darwin war ein Naturforscher wie Carl von Linné (1707–1778), der die Spezies klassifizierte, und Alexander von Humboldt (1769–1859), der die globalen Umweltmuster kartierte.

Darwin und die meisten anderen Naturforscher schlossen den Menschen wie selbstverständlich in ihre Arbeit ein – zumindest den prähistorischen Menschen und seine nicht europäischen Zeitgenossen. Dies aber änderte sich bereits Ende des 18. Jahrhunderts, als der Comte de Buffon zwischen »ursprünglicher Natur« und vom Menschen »zivilisierter Natur« unterschied. Diese Spaltung zwischen menschlicher und nicht menschlicher Natur vertiefte sich mit dem Aufkommen der Naturwissenschaften, darunter auch die Ökologie, welche die Untersuchung der menschlichen Welt den Sozial- und Geisteswissenschaften überließ. In der Ökologie entwickelten sich Traditionen der Beobachtung kleinerer Räume und Regionen, wobei regionale und globale Interaktionen zwischen Mensch und Natur als nicht zum Gegenstand ihrer Studien gehörend betrachtet werden konnten.

Die Trennung der Natur in zwei Teile war immer problematisch, vor allem wenn man bedenkt, wer diese Trennung vornimmt. Doch dieser unnatürliche Vorgang hat womöglich auch die Sensibilität der Ökologen für die transformativen Kräfte menschlicher Gesellschaften erhöht. De Buffon behauptete bereits 1778, dass »das ganze Gesicht der Erde von der Macht des Menschen geprägt ist«. 1997 veröffentlichten Peter Vitousek und Kollegen einen enorm einflussreichen Artikel in der Zeitschrift *Science*, in dem sie Beweise dafür vorlegten, »dass wir auf einem vom Menschen dominierten Planeten leben«.

Der Mythos von der unberührten Natur

Um vom Menschen unbeeinflusste Habitate und Ökosysteme zu erforschen, suchen viele Ökologen, vor allem in Nordamerika, Orte ohne deutliche Spuren menschlicher Aktivitäten. Doch schon bevor der anthropogene Klimawandel zu beherrschend wurde, als dass man ihn noch länger hätte ignorieren können, galt dieses Vorgehen als wissenschaftlich fragwürdig.

Paläoökologen, die Stratigraphen der Ökologie, rekonstruieren die ökologischen Veränderungen der Vergangenheit anhand der materiellen Überreste früherer Ökosysteme. Ihre Arbeit und die von Archäologen, Paläontologen (die Fossilienexperten), Umwelthistorikern und anderen zeigt, dass die Transformation von Ökosystemen durch den Menschen ökologische Vermächtnisse hinterlassen hat, die vom Ende des Pleistozäns bis in die Gegenwart reichen (Abbildung 34). Durch das Aussterben großer Pflanzenfresser wie des Wollmammuts wurde Grasland zu Waldland. Eingriffe in die Vegetation durch Feuer führten zu Bodenschädigungen und veränderten den Nährstoffpool. Schon in den Anfängen der Landwirtschaft wurde der Nährstoffhaushalt ganzer Landstriche verändert, wobei sich die Bodenfruchtbarkeit an einigen Orten erhöhte, an anderen verminderte. Die Bodenchemie und andere Bodeneigenschaften bekamen für immer eine neue Gestalt. Diese anthropogenen Hinterlassenschaften in Böden prägten bisweilen noch Jahrhunderte und sogar Jahrtausende später die Zusammensetzung der Spezies und die Produktivität von Pflanzengemeinschaften. Auch wurden Arten in einigen Landschaften und Regionen durch Handel, Migration und die gezielten Aktivitäten von Jäger-Sammlern, Bauern und Händlern neu verteilt. Über lange Zeit entstandene stratigraphische Zeugnisse dieser menschlichen Einflüsse sammelten sich in Seen, Tümpeln, Mooren und anderen tief liegenden Landschaftsbereichen, sowohl direkt in Form von Holzkohle-, Pollen- und Sedimentlagern mit unterschiedlichen chemischen und Isotopensignaturen als auch indirekt in Form von Diatomeen (mikroskopischen Algen) und anderen Wasserpflanzen, die auf Veränderungen des Nährstoffgehalts und andere externe Einflüsse reagiert haben.

Selbst in vielen Regionen, wo es dem Anschein nach keine Spuren von menschlichen Einflüssen gibt, zeigen paläoökologische Befunde immer wieder, dass heutige ökologische Muster und Prozesse von früheren menschlichen Gesellschaften geprägt wurden. Man stelle sich vor, wie die Vegetation Nordeuropas und Kanadas aussähe, wenn dort noch das Wollmammut leben würde. Sogar die Baumverteilung in abgelegenen Amazonas-Regenwäldern ist von menschlichen Bemühungen geformt, die Samen der wertvollsten Spezies zu verbreiten wie die Paranuss, die über Tausende von Jahren von Regenwaldbewohnern vermehrt wurde und bis heute vorwiegend von wild wachsenden Bäumen stammt. Immer mehr Beweise sprechen dafür, dass die riesigen tropischen Regenwälder Amazoniens und am Kongo weitgehend durch den menschlichen Gebrauch von Feuer, durch Wanderfeldbau, Samenverbreitung und die Vermehrung bevorzugter Spezies und andere Landnutzungspraktiken von Jäger-Sammlern und den ersten Bauern umgeformt wurden. Doch viele Ökologen und Naturschützer neigen nach wie vor dazu, von Menschen nicht bewohnte Habitate als Orte ohne menschlichen Einfluss zu betrachten.

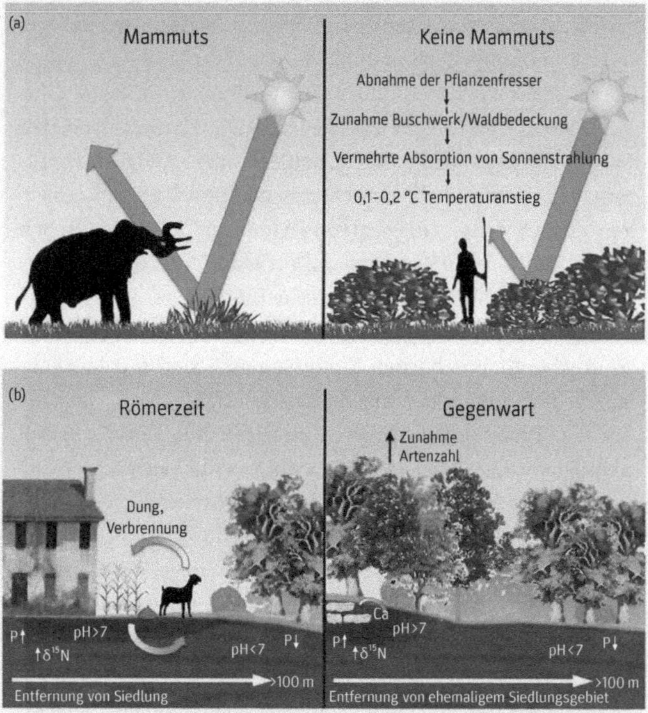

Abbildung 34 | Langfristige ökologische Transformation der Landschaft durch: (a) Auslöschen der großen Pflanzenfresser, (b) historische Landwirtschaft bzgl. ihrer Auswirkungen auf Bodenchemie bzw. Pflanzenbiodiversität in Wäldern und (c) Auswirkungen der anthropogenen Störung auf den Stoffhaushalt (See).

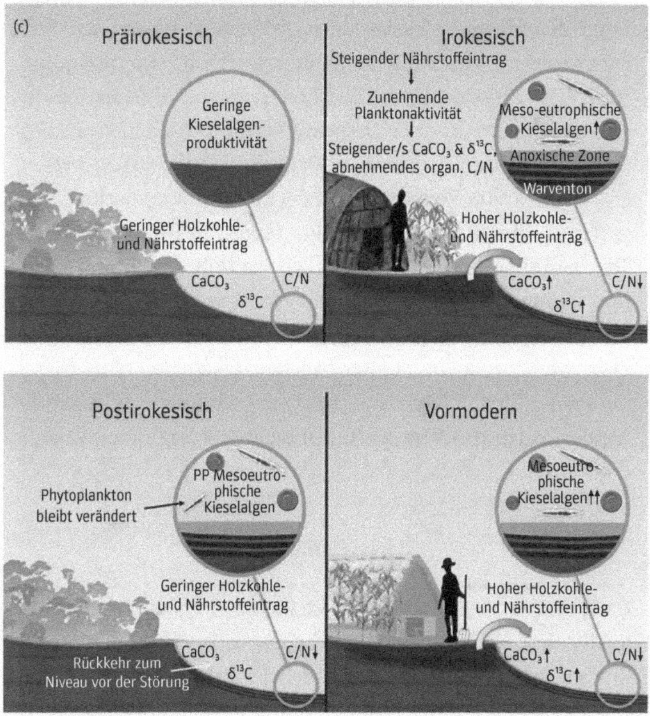

Im Großteil von Europa und Asien sowie in einigen Regionen Afrikas ist das Land zu dicht besiedelt und vom Menschen geprägt, als dass man sie in dieser Weise falsch deuten könnte. Aber die Nachkommen europäischer Siedler auf dem amerikanischen Kontinent und in Australasien betrachten immer wieder dichtes Waldland fälschlicherweise als unberührte

»ursprüngliche« Habitate, die sich in Wirklichkeit nur von den Eingriffen früherer Gesellschaften erholen. Der Geograph William Denevan wies 1992 in einem Artikel mit dem treffenden Titel »The Prestine Myth: The Landscape of the Americas in 1492« (»Der Mythos des Ursprünglichen. Die Landschaft des amerikanischen Kontinents im Jahr 1492«) auf diesen Irrtum hin. Ebenso Tim Flannery in Bezug auf die australische Landschaft in seinem Buch *The Future Eaters*. Bevor das Holozän überhaupt begonnen hatte, wurden weite Regionen auf allen Kontinenten durch menschliche Aktivitäten verändert. Der Mythos von der unberührten Natur – dass Bereiche auf der Erde, wo heute keine Menschen leben, Ökologien ohne früheren menschlichen Einfluss darstellen – gilt heute als massives Hindernis für das Verständnis aktueller ökologischer Muster und Prozesse.

Störungen

Datierte Sedimentkerne aus Seen bieten einige der tragfähigsten Beweise ökologischer Veränderungen über lange Zeiträume. Ein solcher Sedimentkern aus dem Crawford Lake in Ontario, Kanada, der unter Mithilfe keines Geringeren als Eugene Stoermer analysiert wurde, gilt in Diskussionen unter Archäologen und Geologen, die einer Formalisierung des Anthropozän sowie der Arbeitsgruppe Anthropozän (Abbildungen 35 und 34c) eher kritisch gegenüberstehen, als eines der hervorragendsten Beispiele für die Komplexität anthropogener ökologischer Veränderungen. Dieser Kern repräsentiert mit seinen Nährstoffeinträgen aus der Landwirtschaft im Umkreis des Sees über 1.000 Jahre derartiger Eingriffe; sie erhöhten die Algenproduktivität und führten zu einer Zunahme organischen Kohlenstoffs sowie zu Veränderungen in den Populationen verschiedener Diatomeenspezies.

Die agrarische Landnutzung hinterließ Ablagerungen von Mais- und gemeinen Unkrautpollen sowie Pilzsporen von Maisbrand. Der Sedimentkern zeigt eindeutig, dass durch irokesischen Maisanbau und Siedlungstätigkeit zwischen 1268 und 1486 Böden abgetragen wurden und sich die Nährstoffeinträge in den See erhöhten. Dann hörte die landwirtschaftliche Nutzung auf und wurde erst 1867 durch europäische Siedler (Kanadier) wiederaufgenommen, die das Gebiet kolonisierten, ebenfalls Mais anbauten und den See verunreinigten. Erneute stratigraphische Signale einer veränderten Landnutzung entstanden in der Mitte des 20. Jahrhunderts.

Die Dynamik der paläoökologischen Zeugnisse vom Crawford Lake und vielen anderen Orten offenbart deutlich die Komplexität durch den Menschen hervorgerufener Störungen. In manchen Seeablagerungen, aber gewiss nicht in allen fällt vielleicht eine radioaktive Fallout-Schicht aus der Mitte des 20. Jahrhunderts mit bestimmten biotischen und chemischen Veränderungen zusammen, was die Arbeitsgruppe Anthropozän darin bestärkt, dort einen global korrelierbaren Marker für eine anthropozäne Epoche zu setzen. So oder so fehlt es aber nach Ansicht des Ökologen Eugene Stoermer und anderer Wissenschaftler, deren Schwerpunkt auf den paläoökologischen Zeugnissen für anthropogene Veränderungen liegt, nicht an Belegen dafür, dass die von Menschen hervorgerufenen Störungen von Speziesgemeinschaften und Ökosystemen komplex, dynamisch und diachron sind und sich über lange Zeiträume vollzogen haben.

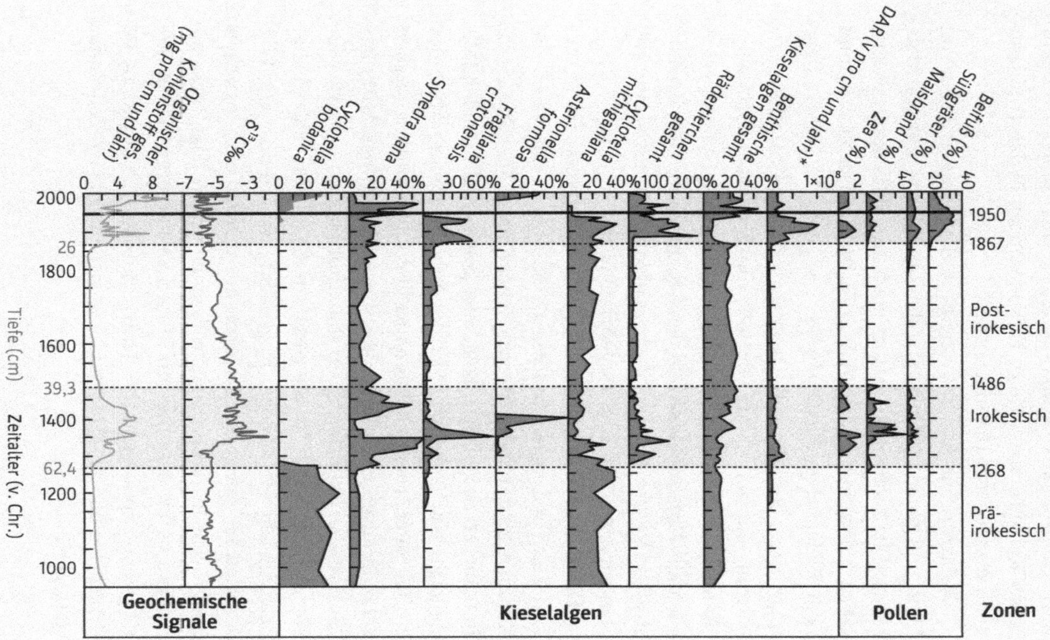
Organischer Kohlenstoff ges. (mg pro cm und Jahr)
δ13C‰
Cyclotella bodanica
Synedra nana
Fragilaria crotonensis
Asterionella formosa
Cyclotella michiganiana
Rädertierchen gesamt
Benthische Kieselalgen gesamt
DAR (v pro cm und Jahr)*
Zea (%)
Maisbrand (%)
Süßgräser (%)
Beifuß (%)
1950
1867
Post-irokesisch
1486
Irokesisch
1268
Prä-irokesisch
Tiefe (cm)
Zeitalter (v. Chr.)
Geochemische Signale
Kieselalgen
Pollen
Zonen

Die Dynamik des ökologischen Wandels ist auch dann schon komplex, wenn man den Menschen außen vor lässt. Ein hervorragendes Beispiel dafür ist Feuer. In trockenen Regionen kommt es periodisch zu Bränden, die Holzkohle und höhere Nährstoffgehalte hinterlassen sowie Mosaike von Vegetationsflecken in verschiedenen Stadien sekundärer Sukzession. In diesen Regionen sind Brände ein normaler Vorgang im Ökosystem und zeugen von einem »Störungsregime«, an das sich viele Spezies angepasst haben, etwa durch eine feuerfeste Rinde bei Bäumen oder eine vom Feuer abhängige Samenkeimung. So öffnen sich beispielsweise die Zapfen der nordamerikanischen Strauchkiefer nur, wenn sie der starken Hitze eines Waldbrandes ausgesetzt sind, und geben erst dann ihre Samen frei.

Bevor Ökologen die Bedeutung von Störungsregimen erkannten, rieten sie dazu, Feuer zu unterdrücken, um die bestehende Vegetation zu erhalten. Die Folge war, dass sich an Brände angepasste Arten nicht fortpflanzen konnten und sich leicht entflammbare Biomasse anhäufte, was zu Feuersbrünsten führte, die nicht mehr zu unterdrücken und viel heftiger waren als diejenigen zuvor; manchmal fielen den Flammen sogar die gesamten humosen Oberböden zum Opfer. Ökologen wurde eine harte Lektion erteilt: Die Störung spielt eine wichtige Rolle in Ökosystemen und Gemeinschaften, und sie zu verhindern kann Gemeinschaften und Habitate kollabieren lassen. Schließlich mussten sie in Gebieten wie dem östlichen Nordamerika sogar erkennen, dass Feuerregime, die Tausende von Jahren die Ökologie ganzer Landschaften geformt hatten,

◂ **Abbildung 35** | Stratigraphische Signale menschlicher Aktivität in einem Sedimentbohrkern aus dem Crawford Lake ($\delta^{13}C = C^{-13}/C^{-12}$).
*DAR = Diatomeen Akkumulationsrate; v = valves, dt.: Warven

menschengemacht waren, also das Produkt von Jäger-Sammlern und Bauern, die absichtlich mit Bränden die Vegetation kontrollierten.

Wegen der komplexen Dynamik der Wechselwirkung zwischen Mensch und Umwelt ist es schwierig herauszufinden, ob ein signifikanter ökologischer Wandel stattgefunden hat. Dafür ist es notwendig, die »historische Bandbreite der Variabilität« ökologischer Parameter festzustellen. Erst wenn man die Bandbreite des Referenz- oder »Grund«-Zustands kennt, sind Veränderungen, die daraus hervorragen, eindeutige Belege für einen ökologisch signifikanten Wandel.

Eine sechste Massenauslöschung

Das Aussterben ganzer Arten gehört zu den signifikantesten ökologischen Veränderungen, die menschliche Gesellschaften je herbeigeführt haben. Und es hat vielerlei Ursachen. Raubbau gab es bereits im Pleistozän und ist nach wie vor ein bedeutender Faktor. Bodennutzung für die Landwirtschaft und Siedlungen waren lange der stärkste und nachhaltigste Auslöser terrestrischer Auslöschungen und sind es immer noch. Durch die Beschneidung, Zerstückelung und Transformation von Habitaten reduziert die Landnutzung die Ressourcen, die verwundbaren Populationen zur Verfügung stehen, und zerteilt sie in kleinere, weniger lebensfähige Gruppen, sodass die Wahrscheinlichkeit ihres Aussterbens zunimmt. Die Einführung nicht heimischer Spezies spielt ebenfalls eine wichtige Rolle beim Aussterben heimischer Spezies, vor allem auf Inseln, wo sich endemische Arten – Arten, die nur in bestimmten Bereichen, manchmal sogar nur auf einer einzigen kleinen Insel vor-

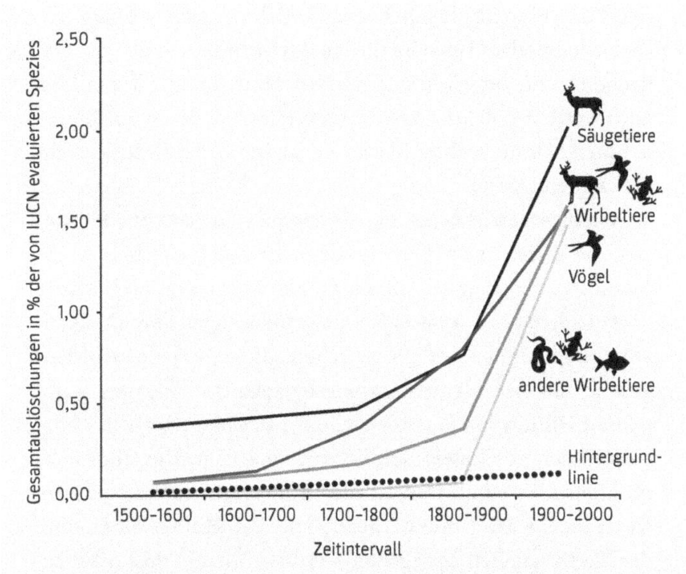

Abbildung 36 | Zunehmende Auslöschungen von Wirbeltierarten im Verhältnis zur Hintergrundrate.

kommen – als die verwundbarsten von allen erwiesen haben. Eingeschleppte Ratten, Schweine, Hunde, Katzen und andere Tiere können Arten, die keine Schutzmechanismen entwickelt haben, vernichten. Das bekannte Aussterben des Dodo und das Verschwinden der Bäume auf der Osterinsel, das einst ausschließlich auf Raubbau zurückgeführt wurde, gilt heute weitgehend als Resultat eingeführter Arten, die sich von ihren Eiern bzw. Samen ernährten. In jüngerer Zeit haben Giftstoffe wie das Pestizid DDT Arten, vor allem solche an der Spitze der Nahrungskette, an den Rand der Auslöschung gebracht. Der heutige anthropogene globale Klimawandel wird sich vielleicht als die bedeutendste Ursache für ein Artensterben in der ganzen Erdgeschichte erweisen und den bereits wirkungsstarken Mix anthropogener Belastungen noch verstärken, deren Folgen zunehmend als die sechste Massenauslöschung der Erde bezeichnet werden.

Artensterben ist kein neues Phänomen. 99 Prozent aller Spezies, die je auf der Erde gelebt haben, sind ausgestorben. Abgesehen von den fünf bekannten großen Massenauslöschungen, die vor allem von massiven Klimaveränderungen durch Vulkanaktivitäten und andere geologische Kräften ausgelöst wurden, gab es zahllose kleinere Aussterbeereignisse und das sogenannte Hintergrundaussterben, das permanent auftritt, ohne dass es sich im Gestein deutlich niederschlägt. Um zu prüfen, ob Menschen eine Massenauslöschung verursachen, müssen daher gegenwärtige Aussterberaten mit den Hintergrunddaten der Vergangenheit verglichen werden; mit der historischen Grundlinie der Aussterbeereignisse (Abbildung 36). Der Ökologe Stuart Pimm, der Paläontologe Tony Barnosky und andere haben nachgewiesen, dass die heutigen Aussterberaten für Wirbeltiere, geschätzt in Auslöschungen pro Million Spezies pro Jahr, in unserer Zeit mindestens 10- und möglicherweise sogar bis zu 1.000-mal höher sind als die historische Grundlinie und dass sie in den letzten Jahrhunderten dramatisch angestiegen sind.

Aus einer Reihe von Gründen ist es schwierig, die absoluten Auslöschungsraten zu bestimmen. Auslöschungsraten variieren je nach taxonomischer Gruppe stark. Wirbeltiere, vor allem Säuger und Vögel, scheinen besonders gefährdet, während die meisten Pflanzentaxa scheinbar robuster sind. Von den geschätzt 5 bis 10 Millionen mehrzelligen Arten der Erde wurden weniger als 2 Millionen von Wissenschaftlern katalogisiert, weshalb die meisten Auslöschungen stattfinden, bevor man überhaupt Kenntnis von der Existenz der jeweiligen Art hat. 2010 war lediglich das Aussterben von 1.200 Arten in den vergangenen 400 Jahren belegt. Aber Auslöschungen zu bestätigen ist weitaus schwieriger als der Nachweis, dass eine Spezies noch existiert. Stellen Sie sich vor, man müsste beweisen, dass es in Tokio keine Bettwanzen gibt – ihre Existenz zu bestätigen wäre demgegenüber weitaus leichter. Noch besorgniserregender ist die Aussicht auf die »Extinktionsschuld«. Viele Populationen sind inzwischen so klein, dass ihr geringer Genpool und andere Einschränkungen ihre Auslöschung in der Zukunft unausweichlich machen. Bei langlebigen Gewächsen wie beispielsweise Bäumen können manche Arten aufgrund sinkender Reproduktionsraten bereits dem Untergang geweiht sein, obwohl sie noch in umfangreicher Zahl existieren. Ein gutes Beispiel dafür ist die Amerikanische Kastanie, deren alte Stümpfe von einem Pilz befallen sind; sie entwickeln zwar neue Pflanzensprossen, die aber immer wieder absterben, ohne jemals Samen auszustreuen.

Das Homogozän

1958 veröffentlichte Charles Elton sein Buch *The Ecology of Invasions by Animals and Plants*, in dem er auf »eine der größten historischen Erschütterungen in Fauna und Flora der Welt« aufmerksam machte. Massive Biodiversitätsverluste seien erst der Anfang. Indem sie Spezies um die Erde transportierten, rissen Menschen geographische Hindernisse nieder, welche die

Evolution von Spezies Millionen Jahre lang beschränkt hätten. In den 1980er-Jahren bezeichneten Gordon Orions und andere Ökologen diese weltweite Vermischung von Arten als Beginn eines neuen Zeitalters, dem »Homogozän«. Indem der Mensch zu einer globalen Spezies geworden sei, habe er den Rest der Biosphäre mit auf seine Reise genommen.

Spätestens seit dem Ende des Pleistozäns, als Jäger-Sammler Arten vermehrten, die sie bevorzugten, führt der Mensch Spezies in andere Lebensräume ein. Doch das Homogozän begann höchstwahrscheinlich erst in vollem Ausmaß, als sich menschliche Gesellschaften und ihre weiträumigen Handelsnetze mit dem Aufkommen der Landwirtschaft ausweiteten und sich diese Entwicklung wegen des Kolumbus-Effekts sowie der Entstehung globaler Lieferketten noch verstärkte. In moderner Zeit wiederholt sich dieses historische Muster: Die ersten industrialisierten Handelsländer des Nordens erlebten entsprechend die häufigsten Neueinführungen, gefolgt von jenen Teilen der Welt, die später industrialisiert wurden.

Eingeführte »fremde« oder »exotische« Spezies sind deshalb besorgniserregend, weil einige die Fähigkeit besitzen, einheimische Arten aus dem Feld zu schlagen, zu viel davon aufzuzehren und auf andere Art und Weise ihr Überleben zu bedrohen und somit die biotischen Gemeinschaften und Ökosysteme, in die sie eindringen, in dramatischer Weise umzugestalten. Beispielsweise wurde Kudzu, eine Kletterpflanze aus Asien, gezielt als Zier- und Futterpflanze in Nordamerika eingeführt. Doch nach wenigen Jahren galt sie als »die Pflanze, die den Süden verschlungen hat«, überwucherte Wälder und verursachte Schäden in Höhe von über 100 Millionen Dollar pro Jahr. Kudzu ist nur eine von vielen Tausenden als invasiv und fremd bezeichneten Spezies, und über 500 davon wurden überall auf der Welt zu einem Problem. Bei vielen verbreiteten Schädlingen sowie Nutzpflanzen-, Nutz- und Wildtierkrankheiten handelt es sich um eingeführte Arten, die Schätzungen zufolge jedes Jahr Schäden in Höhe von mehr 100 Milliarden Dollar verursachen. Und sie sind mutmaßlich für das Aussterben von nahezu 40 Prozent derjenigen Tierarten verantwortlich, bei denen die Ursache erkannt ist.

Doch nicht alle eingeführten Arten verursachen derartige Schäden. Viele bleiben im Hintergrund oder sind sogar willkommen. In Europa beispielsweise werden Pflanzen, die sich bereits vor 1492 außerhalb ihres natürlichen Verbreitungsgebiets fortpflanzten, als »Archäophyten« bezeichnet und im Vergleich zu den später eingetroffenen »Neophyten« als »heimischer« angesehen. In Nordamerika überwiegen mittlerweile europäische Regenwürmer gegenüber den seltenen heimischen Arten, aber nur wenige halten sie für unerwünscht, obwohl sie über große Bereiche hinweg Böden und ganze Ökosysteme umwandeln.

Das Konzept eines stabilen heimischen Verbreitungsgebiets hat zudem außerhalb der Tropen nur geringe Bedeutung und ist dort womöglich gar nicht existent. Millionen Jahre lang wanderten Spezies der gemäßigten Zone die Kontinente hinauf und hinab, um mit den glazialen/interglazialen Kreisläufen Schritt zu halten. Angesichts des sich schneller denn je verändernden Klimas müssen Spezies migrieren, um zu überleben. Zumindest in der gemäßigten Zone lässt sich die Gegenüberstellung von heimischen Spezies versus Invasoren kaum noch aufrechterhalten, da an einem Ort zu bleiben zur sicheren Auslöschung führt.

Die Umverteilung von Spezies durch den Menschen hat bereits ein klares stratigraphisches Zeugnis transformativer ökologischer Veränderungen auf der ganzen Erde hinterlassen. Doch die stratigraphischen Signaturen dieser Veränderungen in Form neuer Materialablagerungen gehören vielleicht auch zu den komplexesten und am stärksten durch Diachronie gekennzeichneten möglichen Markern des anthropogenen globalen Wandels. Das Homogozän existiert zweifellos, aber es ist zugleich hier, dort und überall; ein verwirrender Mix verschiedener Veränderungen zu unterschiedlichen Zeiten, der viele Marker hinterlassen hat, aber kein kohärentes einzelnes Signal, um eine untere Grenze für das Anthropozän ziehen zu können. Und es hat Naturschutz und Renaturierung unendlich erschwert.

Shifting Baselines

Unter Naturschutz und Renaturierung wird traditionell die Erhaltung oder Rückführung von Populationen, Ökologien und Habitaten in ihren »natürlichen« Zustand verstanden, der anhand der historischen Referenzbedingungen oder der historischen Grundlinie definiert wird.

Gesetzt den Fall, dass eine historische Grundlinie mithilfe paläoökologischer oder anderer historischer Beweise bestimmt werden kann, bleiben noch zwei Probleme. Das erste Problem besteht darin, die geeignete Grundlinie zu wählen, das zweite darin, Ökosysteme so zu managen, dass sie in diesem historischen Zustand bleiben oder zu ihm zurückkehren. Beides wird durch langfristige anthropogene ökologische Veränderungen erschwert.

In Nordamerika und Australien zum Beispiel folgten Natursanierungs- und -schutzmaßnahmen lange dem »Mythos der unberührten Natur«, nach dem »natürliche« historische Grundlinien mit demjenigen Zustand identisch waren, der vor dem ersten Kontakt mit Europäern herrschte; die durch die indigene Bevölkerung bewirkten Umweltveränderungen wurden ignoriert. Dies ist jedoch nur eine von vielen möglichen »natürlichen« Grundlinien. Waren die Bedingungen vor den Großfauna-Auslöschungen am Ende des Pleistozäns »natürlicher«? Oder diejenigen zwischen dem Kommen und Gehen verschiedener menschlicher Gesellschaften im Lauf von Jahrtausenden? Unter den vielen Möglichkeiten eine bestimmte historische Grundlinie auszuwählen ist zwangsläufig eher eine Frage der Werte als eine wissenschaftliche.

Von einem praktischen Gesichtspunkt aus betrachtet, hat der anthropogene Druck es nahezu unmöglich gemacht, die historischen Grundlinienbedingungen in vielen, wenn nicht in sogar in den meisten Weltregionen wiederherzustellen und aufrechtzuerhalten. Biotische Gemeinschaften werden durch Speziesverluste verändert und gleichzeitig durch Speziesinvasionen überflutet. Häufig ist die Folge ein Nettozuwachs an Spezies innerhalb einer Landschaft oder einer Region, doch bei den Neuankömmlingen handelt es sich meist um ordinäre Unkräuter, Schädlinge und andere Invasoren, die die Biodiversität erhöhen und zugleich die biotische Homogenisierung verstärken. Im globalen Maßstab aber werden Spezies auch im weiteren Verlauf des Homogozäns ausgelöscht. Die sich beschleunigenden Klima- und Bodenveränderungen sowie anderer abiotischer Umweltbedingungen tragen noch mehr zu diesen Einflüssen auf die Biota bei und stehen mit ihnen in

Wechselwirkung. So hat sich beispielsweise in manchen südaustralischen Böden infolge der Bewässerungswirtschaft Salz angesammelt, was zur Invasion salztoleranter, nicht heimischer Pflanzen geführt hat, von denen manche auch an höhere Temperaturen angepasst sind, die aber gleichwohl die Artenvielfalt insgesamt reduzieren.

Ist es möglich, an einem historischen Referenzzustand festzuhalten, wenn sich sowohl die biotischen Gemeinschaften als auch die abiotischen Umwelten so weit über ihr historisches Variabilitätsspektrum hinaus verändert haben? Der Renaturierungsökologe Richard Hobbs und andere vertreten vor diesem neuen Hintergrund die Ansicht, das Festhalten an historischen Grundlinien könnte Schutz- und Sanierungsmaßnahmen mehr behindern als fördern. Hybride Ökosysteme – teils historisch gewachsen, teils neu – könnten tatsächlich in ihren ehemaligen Zustand zurückversetzt werden. Doch das traditionelle Sanierungskonzept wird wahrscheinlich erfolglos und zu kostspielig sein, als dass man es in »neuen Ökosystemen« anwenden könnte, in denen die biotischen und abiotischen Bedingungen zu weit vom historischen Niveau entfernt liegen.

Der wilde Garten

Aufgrund sich ändernder Werte und sich wandelnder ökologischer Bedingungen verändern sich die Grundlinien für Naturschutz und Renaturierung ständig, ohne dass wir dies bewusst wahrnehmen (Shifting Baselines). Was bedeutet »natürliches Habitat« oder »natürliches Ökosystem«, wenn Pflanzen- und Tiergemeinschaften und ihre Beziehungen untereinander und zu ihrer Umwelt allesamt mehrmals durch frühere menschliche

Gesellschaften umgestaltet wurden? Was ist eine »heimische Spezies« in einer Agrarlandschaft oder einer Stadt, wo bewirtschaftete Böden, die Bearbeitung der Vegetation, überschüssige Nährstoffe, Umweltverschmutzung und andere vom Menschen geschaffene Bedingungen die Norm und keine Störung sind?

Vielleicht haben Sie schon einmal Bäume bestaunt, die aus einem verlassenen Gebäude wachsen (vermutlich *Ailanthus altissima*, der Götterbaum, wie in dem Buch *Ein Baum wächst in Brooklyn*), Unkraut, das zwischen den Steinen des Gehsteigs sprießt, oder sogar Wanderfalken, die in der Stadt Ratten jagen. Spezies lernen in menschlichen Umgebungen zu leben, und manche sind darin richtig gut. Vogelarten mit großem Gehirn wie Krähen und Raben kommen in komplexen menschlichen Settings wie Städten sogar besser zurecht als in der Natur. Es gibt auch Belege dafür, dass die Einführung fremder Arten die Evolution neuer Spezies beschleunigt. Der Ökologe Chris Thomas konnte zeigen, dass sich in Großbritannien die Gelbe Azalee mit ihren nordamerikanischen Verwandten kreuzte und auf diese Weise neue Wildpopulationen entstanden, und in Nordamerika ist ein Hybrid zweier Fruchtfliegenarten entstanden, der einwandernde Geißblattpflanzen kolonisiert.

Am wichtigsten aber ist, dass menschliche Gesellschaften Arten, die sie zuvor ungestraft getötet haben, wieder einführen und lernen mit ihnen zu leben – man denke nur an die Rückkehr der Wölfe in ihre alten Jagdgründe in Europa oder der Schwarzbären, Berglöwen und Kojoten in den USA. Im »wilden Garten« des Anthropozän – ein von der Schriftstellerin Emma Marris geprägter Begriff –, in dem neue Ökosysteme die neue Wildnis bilden, gedeiht immer noch das Leben. In einer zunehmend anthropogenen Biosphäre entstehen neue

Beziehungen. Gesellschaften, Menschen, Wildnis und ganze Ökosysteme entwickeln sich koevolutionär und schaffen neue Naturformen, während gleichzeitig die früheren geschützt und saniert werden.

Sozialökologische Systeme

Ökologen untersuchen zunehmend die Ursachen und Folgen des anthropogenen ökologischen Wandels und entwickeln neue Paradigmen für die Verknüpfung menschlicher und natürlicher Systeme. In den 1950er-Jahren beleuchtete Eugene Odum die Abhängigkeit des Menschen von Ökosystemen in einem Lehrbuch, das dazu beitrug, dass Ökologie in den 1960er- und 1970er-Jahren zu einem geläufigen Begriff wurde. Außerdem studierte er die »Altfeldfolge« (Old Field Succession), die Erholung der Vegetation auf aufgegebenen Ackerflächen. Rachel Carson machte 1962 mit *Der stumme Frühling* die Öffentlichkeit mit den weitverbreiteten Folgen von synthetischen Chemikalien aus ökologischer Sicht vertraut. Die Hubbard-Brook-Ökosystemstudien führten in den 1970er-Jahren zur Entdeckung des sauren Regens. Und 1986 gewann Peter Vitousek mit seiner These, der Mensch eigne sich nahezu 40 Prozent der terrestrischen Photosynthese durch Wald- und agrarische Landnutzung an, internationale Aufmerksamkeit. Vor Crutzens Anthropozän-These lieferte Vitousek 1997 in seinem Klassiker »Human Domination of Earth's Ecosystems«, einem Artikel in *Science*, eine Reihe von Gründen für die Umwandlung der Erde durch den Menschen.

Ende der 1970er-Jahre bezogen Ökologen mehr und mehr auch den Menschen in ihre Forschung mit ein und untersuchten gemeinsam mit Sozialwissenschaftlern die Verbindungen zwischen sozialen und ökologischen Prozessen. Stadtökologie, Industrieökologie und Agroökologie entstanden als eigenständige Unterdisziplinen, und Landschaftsökologie, Naturschutzbiologie und andere angewandte ökologische Wissenschaften integrierten genutzte Ökosysteme in ihre Arbeit. In den 1990er-Jahren entwickelte Carl Folke einen Rahmen für »sozialökologische Systeme«, der weite Verbreitung fand und die Zusammenarbeit zwischen Ökologen und Sozialwissenschaftlern bei der Lösung realer Probleme unter Einbeziehung von Umweltmanagement und dem Phänomen des sozialen Wandels förderte (Abbildung 37). Ökologische Ökonomie (Ökologie zuerst), Umweltökonomie (Ökonomie zuerst) und andere mit der

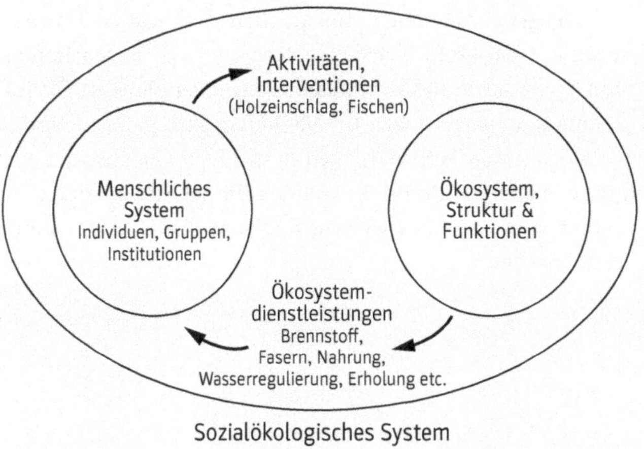

Abbildung 37 | Wechselwirkungen in sozialökologischen Systemen.

Ökologie verbundene Disziplinen führten neue Verfahren ein, um den Herausforderungen des Umweltmanagements gerecht zu werden. Ermittelt, quantifiziert und abgewogen wurde von nun die sogenannte Ökosystemdienstleistung, also der Nutzen, den menschliche Gesellschaften aus intakten Ökosystemen ziehen, etwa aus der Blütenbestäubung, sauberem Trinkwasser oder zur Erholung.

Darüber hinaus haben Ökologen ihr Arbeitsfeld erweitert, indem sie in den 1990er-Jahren Modelle einer »aktiven Biosphäre« in ihre Simulationen des Erdsystems integrierten, ein großer Fortschritt gegenüber Modellen, die trotz großer Klimaveränderungen davon ausgingen, dass die Vegetation immer gleich blieb (man denke an Aufforstungsprojekte in Wüsten) oder davon ausgingen, dass der globale Kohlenstoffkreislauf allein physikalischen Gesetzen gehorcht.

Ökologen, Ökonomen, Geographen und andere Wissenschaftler entwickeln inzwischen Methoden zur Beobachtung, zum Verständnis und zur Modellierung einer globalen Ökologie, die von menschlichen Gesellschaften aktiv geformt wird – vor allem durch Veränderungen in der Landnutzung, die bis 1950 den größten Motor des Wandels für die Artenvielfalt darstellten und die anthropogenen Kohlenstoffemissionen in die Höhe trieben.

Die anthropogene Biosphäre

Die globalen Muster der terrestrischen Ökosysteme der Erde wurden lange durch Klima, Relief, Böden und andere abiotische Umweltbedingungen geformt, an die sich die Biota anpassten. Wüsten sind mit Pflanzen besiedelt, die an trockene Umgebung angepasst sind, Spezies, die in tropischen Regenwäldern leben, mögen es warm und feucht, und mit der Höhe verändern sich die Vegetationsmuster innerhalb von Gebirgen. Diese globale Strukturierung des Lebens durch die Umwelt wurde erstmals Anfang des 19. Jahrhunderts von Alexander von Humboldt beschrieben, der damit die Entwicklung des Forschungsgebiets der Biogeographie auslöste. Mitte der 1930er-Jahre bezeichneten Ökologen diese globalen Muster als »Biome«, Ökosystemstrukturen, welche die globale Biosphäre weiter untergliedern.

Als sich Ökologen mit einer zunehmend anthropogenen Biosphäre auseinandersetzten, wurden die globalen Muster der vom Menschen geformten Ökologie erforscht. In den 1990er-Jahren lieferten Fernerkundungssatelliten die ersten Bilder der globalen Vegetationsdecke, Getreidefelder inklusive – selbst künstlich geschaffene Flächen und die nächtliche Beleuchtung waren zu erkennen. Im Jahr 2002 kombinierte der Ökologe Eric Sanderson diese Daten mit Karten der Verkehrsinfrastruktur und der Besiedlungsdichte, um einen Index des zunehmenden menschlichen Einflusses zu erstellen. Die globalen Muster der vom Menschen transformierten Ökologie, die Schätzungen zufolge über 80 Prozent der Landfläche der Erde einnimmt, wurden so zwar deutlicher, erschienen aber immer noch als nur Störungen in einer natürlichen Welt.

Abbildung 38 | Weltkarte anthropogener Biome (Anthrome) im Jahr 2000.

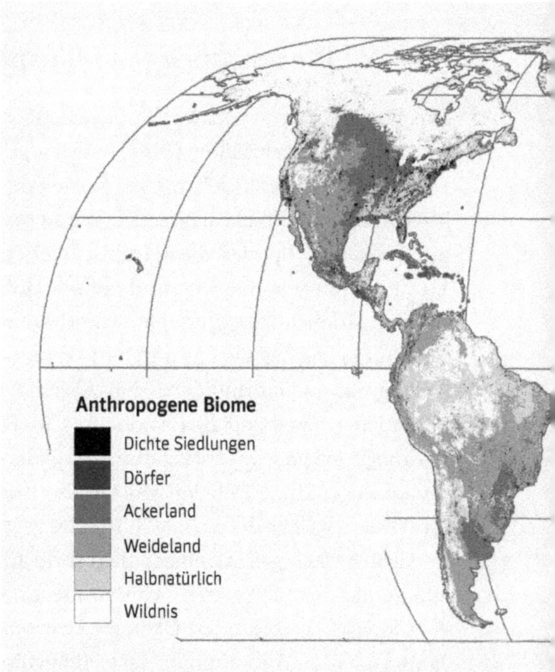

Angesichts der Erkenntnis, dass der Mensch den Großteil der terrestrischen Biosphäre umgewandelt hat, wurde es notwendig, die globalen durch die Interaktion des Menschen mit den Ökosystemen entstandenen ökologischen Muster umfassend zu untersuchen. Im Jahr 2007 habe ich dieses Forschungsziel zusammen mit dem Geographen Navin Ramankutty verfolgt. Wir integrierten Daten über menschliche Bevölkerungen, die Bewirtschaftung von Böden mit Nutzpflanzen und als Weideland sowie über die Vegetationsdecke, um die anthropoge-

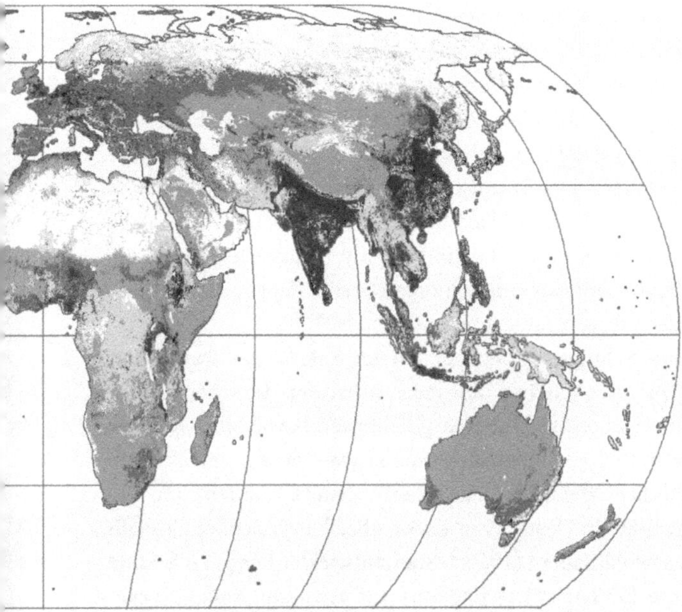

nen Biome der Erde zu kartieren, die wir »Anthrome« nannten (Abbildung 38).

Unsere Daten haben gezeigt, dass im Jahr 2000 über 75 Prozent der terrestrischen Biosphäre in Anthrome umgewandelt waren, darunter Stadtgebiete und andere dicht besiedelte Gebiete (etwa 1 Prozent der eisfreien Erdfläche), Bauerndörfer (6 Prozent), Ackerland (16 Prozent), Weideland (32 Prozent) und halbnatürliches Land mit nur geringer menschlicher Bevölkerung und Landnutzung (20 Prozent). Folglich war nur ein

Viertel der terrestrischen Biosphäre als Wildnisgebiete ohne menschliche Bevölkerung oder Landnutzung zu kartieren. Bei unseren späteren Arbeiten konnten wir zeigen, dass bedeutende Bereiche von Anthromen erstmals vor etwa 8.000 Jahren auftauchten und je nachdem, welche historischen Referenzdaten wir verwendeten, vor 2.000 bis 500 Jahren über die Hälfte der terrestrischen Biosphäre bedeckten, jedoch vorwiegend in der Form halbnatürlicher Landflächen. Erst im letzten Jahrhundert wurde über die Hälfte der terrestrischen Biosphäre in die am intensivsten genutzten Stadt-, Dorf-, Anbau- und Weideland-Anthrome umgewandelt.

Eine Schlüsselentdeckung bei der Analyse der Transformation der terrestrischen Biosphäre durch den Menschen besteht darin, dass selbst in den am dichtesten bevölkerten und am intensivsten genutzten Anthromen wie Städten und Dörfern wesentliche Bereiche nicht intensiv genutzt werden, zum Teil absichtlich in Gestalt von Parks, aber hauptsächlich deshalb, weil sowohl Bauern als auch Stadtentwickler Berge, Hügel und andere für Landwirtschaft und Infrastruktur weniger geeignete Gebiete meiden. Deshalb handelt es sich bei Anthromen meist um Mosaike aus Nutzland, das Umweltverschmutzung und anderen Formen des Drucks durch Menschen ausgesetzt war und ist, sowie weniger genutztem Land, sich erholenden oder ansatzweise »ursprünglichen« Ökosystemen. Obwohl nur 40 Prozent der Landfläche der Erde unmittelbar für den Anbau von Nutzpflanzen, für Weideflächen und Siedlungen verwendet wird, sind dadurch weitere 35 Prozent der Fläche in neuartige Ökosysteme mit biotischen Gemeinschaften und ökologischen Prozessen verwandelt worden, die weit von jeder »natürlichen« historischen Grundlinie entfernt sind.

Menschliche Gesellschaften sind weit mehr als Störenfriede in einer ansonsten natürlichen Welt. Menschliche Sozialsysteme sind als Kraft innerhalb des Erdsystems entstanden: Die Anthroposphäre formt und unterhält eine anthropogene Biosphäre. Die sozialen Netze des Menschen sind inzwischen global in das Gewebe des Lebens eingebunden. An einem Ort getroffene Entscheidungen können die Ökologie auf der anderen Seite des Planeten und sogar weltweit beeinflussen; menschliche und natürliche Systeme werden durch »Telecoupling« miteinander verbunden. Während der Mensch weiterhin seine Nische auf dem Planeten ausweitet, funktioniert die Erde mehr und mehr wie ein sozialökologisches System mit einem sozialen Stoffwechsel, der zunehmend wohlhabende und immer mehr fordernde Bevölkerungen am Leben erhält. Heute besteht die gesamte Biomasse der Säugetiere zu 90 Prozent aus Menschen und domestizierten Tieren. Wie weit kann das noch gehen? Sind die Zahl der Menschen und der Umfang der Transformationen, die die Ökologie der Erde verkraften kann, unbegrenzt?

Grenzen des Wachstums

Lange bevor Thomas Malthus 1798 seinen *Essay on the Principle of Population* (dt. *Das Bevölkerungsgesetz*) veröffentlichte, war die Frage, wie viele Menschen die Erde ernähren kann, schon viele Male gestellt und beantwortet worden. So hatte beispielsweise Antoni van Leeuwenhoek 1679 die Zahl von 13,4 Milliarden errechnet. Doch seit Darwin Malthus' Diktum, wonach Bevölkerungen durch die Verfügbarkeit von Ressourcen in ihrem Wachstum limitiert sind, nutzte, um seine Theorie der natürlichen Auslese zu bestätigen, ist »Malthus« in wissenschaftlichen Diskursen präsent. In den 1920er-Jahren wurde sein Bevölkerungsgesetz als »Tragfähigkeit der Erde« (K) formalisiert, wonach die ökologischen Grenzen des Bevölkerungswachstums von der verfügbaren Umwelt determiniert werden. Wachse eine Bevölkerung über diese Tragfähigkeit hinaus, so hieß es, stünde ihr Zusammenbruch unmittelbar bevor.

Die Sorge angesichts der Tragfähigkeit der Menschheit auf der Erde wuchs sich zu einer Krise aus, als 1968 das Buch *The Population Bomb* (dt. *Die Bevölkerungsbombe*, 1971) des Ökologen Paul Ehrlich von der Stanford University erschien. Darin sagte der Autor voraus, dass in den 1970er-Jahren aufgrund von Überbevölkerung »Hunderte Millionen verhungern« würden. 1972 wurden in der einflussreichen Studie *Die Grenzen des Wachstums* erstmals die »schweren Folgen für das natürliche ökologische Gleichgewicht der Erde« mithilfe von Computersimulationen ermittelt, wenn Bevölkerungen über ein »globales Gleichgewicht« hinaus wüchsen. 1994 stellte Ehrlich fest, dass »die gegenwärtige Bevölkerungszahl von 5,5 Milliarden (...) die Kapazität der Erde, sie zu ernähren, zweifellos übersteigt«. Paul Ehrlich hat wichtige Beiträge zur ökologischen Wissenschaft geleistet, aber die Hungersnöte, die er prophezeite, sind bis jetzt ausgeblieben.

Die gegenwärtige Weltbevölkerung von über 7 Milliarden Menschen ist viel besser ernährt, gesünder und lebt länger als jede andere in der Menschheitsgeschichte. Seit den 1970er-Jahren verlangsamt sich die Wachstumsrate, und sie nimmt auch weiterhin ab (Abbildung 39), vor allem dank des »demographischen Wandels«, in dem mehr urbane, besser gebildete Bevölkerungen tendenziell viel kleinere Familien gründen. Die Bevölkerung der Erde lebt weiter zunehmend in Städten. Es ist

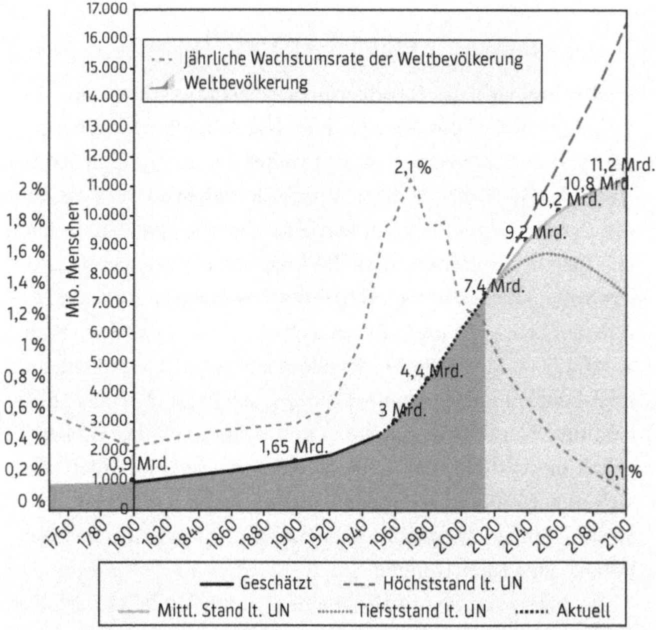

Abbildung 39 | Geschichte, Prognosen und Wachstumsraten der Weltbevölkerung von 1800 bis 2100.

zwar denkbar, dass die Weltbevölkerung bis 2100 auf 16 Milliarden steigt und weiterwächst, aber die Mehrheit der Demographen sagt voraus, dass die Bevölkerungskurve bis 2100 auf 11 Milliarden ansteigt, dann aber abflacht.

Planetare Grenzen

Auch wenn sich das Bevölkerungswachstum verlangsamt, so steigt der Bedarf der Menschen an Nahrung, Wasser, Energie und anderen Umweltressourcen weiter an, da mit dem Wohlstand der Bevölkerungen auch Anforderungen an die Ressourcen der Erde zunehmen. So hat eine Umweltorganisation beispielsweise festgestellt, dass die Menschen heute das Äquivalent von 1,6 Erden (bezogen auf ihren Verbrauch an Ressourcen) verbrauchen - ein untragbarer »Overshoot« der biologischen Tragfähigkeit der Erde. Doch viele Wissenschaftler und andere sind beunruhigt, dass selbst die gegenwärtige Bevölkerungszahl und deren Beanspruchung von Ressourcen das »Lebenserhaltungssystem« der Erde in einer Weise beschädigt, die sich in der Zukunft möglicherweise als katastrophal erweisen könnte. Ein beschleunigter Klimawandel ist nur eine der vielen potenziellen Katastrophen.

Im Jahr 2009 identifizierte eine Gruppe von Wissenschaftlern, darunter auch Will Steffen und Hans Joachim Schellnhuber, in der Zeitschrift *Science* neun solcher Veränderungen im Erdsystem und zeigten deren Grenzen auf, die, »wenn sie überschritten werden, einen nicht annehmbaren ökologischen Wandel« hervorrufen könnten (Abbildung 40). Aufbauend auf der Theorie der Kipppunkte im Erdsystem, deren Überschreitung die Erde aus ihrem »stabilen, holozänen Zustand« bringen könnte, entwickelten sie das Konzept der planetaren Grenzen, wonach die Wahrscheinlichkeit katastrophaler Veränderungen zunimmt, wenn das Erdsystem zu sehr unter Druck steht.

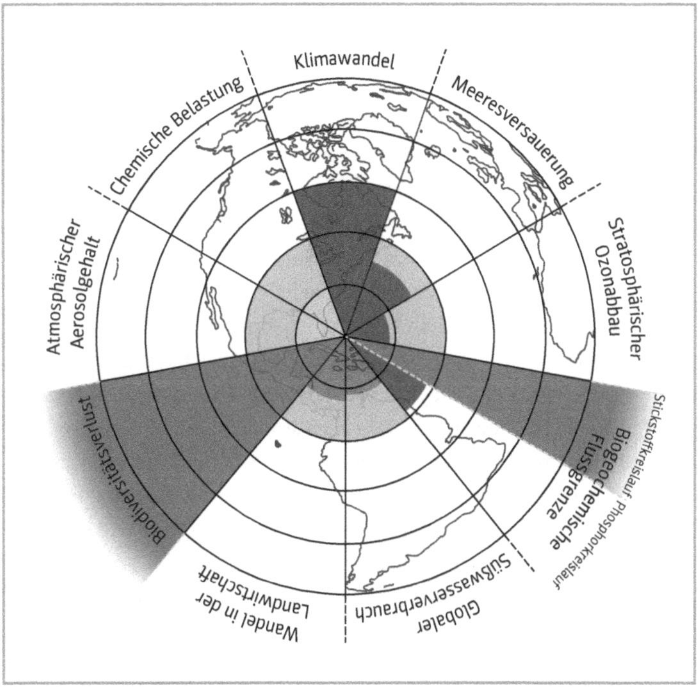

Abbildung 40 | Planetare Grenzen. Für neun globale ökologische Variablen zeigt der hellgraue Bereich die »ungefährlichen Grenzen«, die dunklere Schattierung bedeutet, dass diese Grenzen bereits überschritten sind (Verlust der Artenvielfalt, Klimawandel und Veränderung im Stickstoffkreislauf).

In jüngerer Zeit wurden dieses Konzept sowie auch spätere Versionen infrage gestellt, sowohl wissenschaftlich als auch für die Bewertung von Umweltmanagementprogrammen. Mit Ausnahme des Klimawandels, des Ozonabbaus, der Versauerung der Meere (siehe Kapitel 8) sind die wissenschaftlichen Beweise für Kipppunkte im Erdsystem ziemlich spärlich.

Viele der Erdsystemstörungen in dem Konzept sind kumulativ und das Resultat lokaler und regionaler Veränderungen, die sich addieren, und nicht vergleichbar mit den systemischen Veränderungen der Erde, von denen man weiß, dass sie Kipppunkte erreichen können. Aus politischer Sicht ist es riskant, feste Werte für Erdsystemveränderungen zu setzen, vor allem wenn diese Werte nicht strikt wissenschaftlich nachgewiesen sind. Denn dies suggeriert, dass unterhalb dieser Schwelle nichts Besorgniserregendes geschehen wird, oberhalb hingegen der Schaden unabwendbar ist. Eine solche Sicht birgt die Gefahr, dass auf der einen Seite Bequemlichkeit die Oberhand gewinnt, auf der anderen hingegen Hoffnungslosigkeit. Beide sind fehl am Platze: Das Aussterben auch nur einer Spezies ist mehr, als wir leichthin akzeptieren sollten. Dasselbe gilt für lokale Habitate. Dennoch hat die Forderung, nicht so drastisch in das Erdsystem einzugreifen, dass Menschen wie auch die nicht menschliche Natur schweren Schaden nimmt, dazu beigetragen, dass die gravierenden wissenschaftlichen Bedenken inzwischen weltweite Beachtung finden.

Doch es bleibt die Frage: Wenn menschliche Gesellschaften heute als globale Kraft wirken, die das Erdsystem zum Schaden der Menschheit und der nicht menschlichen Natur verändert, was sollen wir, wenn überhaupt, dagegen tun? Wer ist verantwortlich? Wer soll handeln?

KAPITEL 7

Politikos

In einem einflussreichen Artikel mit dem Titel »The Climate of History. Four Theses« stellte der Historiker Dipesh Chakrabarty die Frage: »Ist das Anthropozän eine Kritik an den Narrativen der Freiheit?« Dies zeigt beispielhaft, wie weit die Anthropozän-These, ausgehend von ihren Ursprüngen in den Naturwissenschaften, auch in anderen Bereichen Beachtung gefunden hat. In den zwei Jahrzehnten seit ihrer Formulierung durch Crutzen regt sie zu einer Fülle sozial relevanter Fragen an, forciert die Debatten und dient Künstlern und Gestaltern als Muse.

Während Stratigraphen an einer Definition des goldenen Nagels arbeiten, stellen andere Sinn und Folgen eines neuen Menschenzeitalters infrage. Die Politik der Ungleichheit, Fragen der Umweltethik und die Herausforderungen verantwortlichen Handelns unter Bedingungen eines möglicherweise katastrophalen globalen Wandels, all das wird heute mit der Anthropozän-Hypothese in Zusammenhang gebracht. Selbst Stan Finney, ehemals Vorsitzender der International Commission of Stratigraphy, stellte die Frage, ob die Einführung des Anthropozän nicht eher ein politisches Statement als ein wissenschaftliches Gebot ist.

Hybris

Für einige Philosophen, Umweltschützer und sogar Geologen ist die Einführung einer menschlichen Epoche eher ein Ausdruck von Hybris und von Anthropozentrismus: Für was halten wir uns eigentlich, um ein neues geologisches Zeitalter nach uns zu benennen? »Atomares Zeitalter«, »Homogozän«, »Karbozän« (ein »Zeitalter der fossilen Energieträger«) – mit all diesen Begriffen könnte unsere Zeit ebenso treffend beschrieben werden. Warum also eine Bezeichnung wählen, die unsere Spezies in den Vordergrund rückt?

Die Soziologin Eileen Crist und andere meinen, die Einführung eines »Zeitalters der Menschenherrschaft« diene nur zur Rechtfertigung, dass der Mensch die Natur als seinen Besitz betrachte und zerstöre, und bereite den Weg zu Projekten zur weiteren Transformierung der Natur in noch größerem Stil. Selbst der Geologe Stan Finney äußerte sich besorgt, dass hinter den Bemühungen, das Anthropozän »offiziell« zu machen, die Absicht stecke, eine politische »Mentalität« zu schaffen, »die gegenwärtige Transformation selbst zu steuern«. Zu diesem Zweck haben einige auf das lang anhaltende Interesse Crutzens an Geoengineering – der bewussten Modifikation des Erdsystems, um den anthropogenen Klimawandel unter Kontrolle zu bringen – aufmerksam gemacht. Durch die formale Anerkennung einer vom Menschen transformierten Erde könnte das Anthropozän als politisches »Alles ist erlaubt«-Argument dienen, womit alle Anstrengungen, die Eingriffe des Menschen in das Erdsystem einzudämmen als vergeblich oder unmöglich zurückgewiesen werden könnten. Der Ökologe Edward O.

Wilson bezeichnet die Vertreter dieser Denkweise als »Anthropozänisten« – obwohl nicht klar ist, wen genau er damit meint.

Auch manche Umweltschützer zeigen sich besorgt über die Aussicht auf eine formale anthropozäne Epoche und sehen darin den Versuch, die gesamte Natur als »von Menschen berührt« zu charakterisieren, sodass es überhaupt keine Natur mehr gibt, die geschützt werden müsse. Die Ökologie der Erde insgesamt zu einer von Menschen transformierten zu erklären, so ihr Einwand gegen ein Anthropozän, bedeute, das Ausmaß der menschlichen Eingriffe zu übertreiben und »Hoffnungslosigkeit bei jenen [zu fördern], die sich dem Naturschutz widmen«. Andere argumentieren, auch auf einer anthropozänen Erde bliebe noch ein bedeutender Anteil an »Natürlichkeit«, und vermuten, deren Knappheit erhöhe nur den Wert des Naturschutzes. Wie auch immer, es gibt mehrere Argumente gegen eine Anerkennung des Anthropozän von jenen, die beunruhigt sind über die negativen Folgen, sollte ein »Zeitalter des Menschen« mit einer von der Menschheit tief greifend veränderten Natur etabliert werden.

Epochalypse

Die vielleicht populärste Interpretation des Anthropozän ist jedoch eine katastrophische, vom Menschen ausgelöste Veränderung in der Funktionsweise der Erde als System. Für deren Vertreter ist die Formalisierung des Anthropozän gleichbedeutend mit der Bestätigung der schwerwiegenden globalen Folgen des Klimawandels, der Massenauslöschung und anderer anthropogener Umweltveränderungen. So schreibt der Philosoph Clive Hamilton: »Die Erde hat den Punkt erreicht, an dem es kein Zurück mehr gibt«, einen »Bruch« in ihrer Funktionsweise, der »uns in Angst und Schrecken versetzen sollte«. Und der Geograph Erik Swyngedouw: »Das Anthropozän ist nur ein anderes Wort für das Beharren darauf, dass die Natur stirbt.« Ein Verzicht auf die Formalisierung des Anthropozän oder eine andere Deutung ist demnach gleichbedeutend damit, die Bedeutung des globalen ökologischen Wandels zu leugnen.

Tatsächlich verwenden Erdsystemwissenschaftler den Begriff »Anthropozän« als eine Art Kurzform für die Transformation der Funktionsweise der Erde als System durch den Menschen. Aber das Anthropozän selbst ist eine Synthese vorhandenen Beweismaterials und nicht eine neue Beweisquelle für diese Veränderungen oder ihre Folgen. Für die Wissenschaft allgemein ist das Beweismaterial dafür, dass Menschen potenziell katastrophale Eingriffe in die Funktionsweise der Erde als System vornehmen, reichhaltig, facettenreich, differenziert und tragfähig – das Ergebnis jahrzehntelanger Forschung. Man benötigt keine anthropozäne Epoche, um diese Veränderungen zu verstehen oder anzuerkennen. So ist eine wachsende Zahl von Erdwissenschaftlern wie Stan Finney zunehmend besorgt, dass Vorstöße, eine anthropozäne Epoche einzuführen, sogar die wissenschaftlichen Bemühungen um wichtigere Ziele beeinträchtigen könnten, zum Beispiel diejenigen um ein besseres Verständnis der spezifischen Herausforderungen des globalen Klimawandels oder des Massenaussterbens und der Suche nach Lösungen. »Während die Anthropozänisten das Silberbesteck auf der Titanic polieren«, so Geologe James Scourse, »gehen andere Wissenschaftler weiter ihrer Arbeit nach und versuchen, die Krise zu verstehen, mit der wir konfrontiert sind, und etwas dagegen zu unternehmen.«

Die Gleichsetzung des Anthropozän mit globalen anthropogenen Umweltveränderungen wirft ein weiteres »Problem« auf; es könnte dann nämlich sein, dass es nicht als neue Epoche geologischer Zeit anerkannt wird. Und dann? Was würde das bedeuten?

Trotz überwältigender wissenschaftlicher Beweise ist die breitere Öffentlichkeit in manchen Ländern hinsichtlich der Tragweite des anthropogenen Klimawandels, des zunehmenden Artensterbens und anderer Umweltveränderungen mit schwerwiegenden globalen Folgen gespalten. Würde eine wissenschaftliche Anerkennung des Anthropozän die öffentliche Wahrnehmung dieser Entwicklungen und die Maßnahmen zur weiteren Vermeidung oder Anpassung an diese Entwicklungen verändern? Wie beim Anthropozän selbst ist hier das letzte Wort noch nicht gesprochen.

Kollidierende Geschichtsschreibungen

Lange bevor C. P. Snow die Spaltung zwischen Natur- und Geisteswissenschaften kritisierte, waren Menschheits- und Naturgeschichte strikt voneinander getrennt. Historiker räumten zwar ein, dass der Mensch die natürliche Umwelt beeinflussen und der Verlauf der Menschheitsgeschichte durch Naturkatastrophen wie Überschwemmungen und Dürren in neue Bahnen gelenkt werden könnte, aber kausale Zusammenhänge zwischen den beiden blieben in der Regel unbeachtet. Die menschlichen Gesellschaften standen im Mittelpunkt, während die natürliche Umwelt im Hintergrund blieb.

In dem bereits erwähnten Artikel »The Climate of History« vertrat Dipesh Chakrabarty die Ansicht, mit dem anthropogenen globalen Klimawandel sei die Trennung zwischen Menschheits- und Naturgeschichte ein für alle Mal aufgehoben. Mit der Veränderung des Klimas sei der Mensch zum »geophysikalischen Akteur« und zu einer qualitativ anderen »Naturkraft« geworden als in der Vergangenheit, als er nur als »biologischer Akteur« mit der Natur in Wechselwirkung gestanden habe. Mit dem Klimawandel, so Chakrabarty, »wurde das geologische Jetzt des Anthropozän mit dem Jetzt der Menschheitsgeschichte verwoben«. Und damit wurden Natur und Gesellschaft zu einer Einheit.

Chakrabartys Artikel hat zwar heftige Diskussionen in den Geisteswissenschaften ausgelöst, aber er war nicht der Erste, der die künstliche Trennung von Natur und Gesellschaft bemängelte. Schon seit Jahrzehnten sehen Anthropologen, kritische Sozialtheoretiker und Umwelthistoriker wie John McNeill einen Zusammenhang zwischen Menschheits- und Naturgeschichte. Auf diesem Fundament ist ein ganzes Feld von »Environmental Humanities« entstanden, die interdisziplinäre Beschäftigung mit ökologischen und umweltorientierten Problemen. Chakrabartys Auffassung, wonach es wesentliche Unterschiede zwischen geologischen und biologischen Faktoren gibt, steht ebenfalls in der Kritik; Eingriffe in die Biosphäre wirken sich auf die Atmosphäre, das Klima und andere Prozesse ebenso so sicher aus wie die Verbrennung fossiler Energieträger.

Am bedenklichsten ist für viele, darunter auch Chakrabarty selbst, die implizite Notwendigkeit, das Anthropozän als eine Geschichte der Spezies »Anthropos« zu begreifen, womit alle Menschen auf dieser Erde zu einer einzigen undifferenzierten Masse zusammengefasst werden – im extremen Gegensatz zu den Positionen der Geisteswissenschaften zumindest seit den 1960er-Jahren. Chakrabarty akzeptierte sogar – wenn auch widerstrebend – die am weitesten verbreiteten Narrative der Naturwissenschaften, wonach der Mensch als Spezies der Führung durch die rationalen Werte der Aufklärung bedürfe, um die beispiellosen sozialen und ökologischen Herausforderungen des Anthropozän in Angriff zu nehmen. Es überrascht nicht, dass diese Narrative einer »aufgeklärten Spezies« infrage gestellt wurden und neue Narrative und Bezeichnungen für die Kollision von Gesellschaften mit der Natur entstanden.

Wessen Anthropozän?

Keine Spezies hat die Erde jemals so verändert wie wir (an der Großen Oxigenisierung waren mutmaßlich Dutzende, wenn nicht gar Tausende Arten von Cyanobakterienarten beteiligt). Selbst die kleinen Jäger-Sammler-Gesellschaften verursachten weitverbreitete Auslöschungen und Veränderungen in der Biosphäre, die vielleicht das Erdklima beeinflussten. Doch der anatomisch moderne Mensch verhielt sich Zehntausende Jahre lang genauso wie seine Vorfahren, und diese frühen Umweltveränderungen verblassen im Vergleich zu den heutigen.

Es dürfte klar sein, dass es keine »allgemeinmenschliche« Art und Weise gibt, die Erde zu verändern. Unterschiedliche Menschen nutzen ihre Umwelt auf jeweils eigene Weise mit jeweils anderen Folgen, die wiederum unterschiedlich erlebt und bewertet werden. Haben Sie jemals Kohle verbrannt oder Weizen angebaut? Wahrscheinlich nicht. Doch mit großer Wahrscheinlichkeit haben das andere für Sie getan. Ihre Wohnung, Ihr Ressourcenverbrauch und die Umweltrisiken, denen Sie ausgesetzt sind – all das sind Funktionen der Gesellschaft, der

Sie angehören und in der Sie Ihre spezifische Rolle einnehmen. Die ökologische Nische des Menschen wird weitaus mehr von der jeweiligen Gesellschaft bestimmt, in der er lebt, als von seiner Biologie.

Selbst heute, da menschliche Gesellschaften so stark miteinander verbunden sind wie nie zuvor, gibt es verblüffende Unterschiede im Gebrauch von Ressourcen. Die Kohlendioxidemissionen der drei bevölkerungsreichsten Länder der Erde zeigen dies überdeutlich (Abbildung 41). 2014 emittierte China mit seinen 1,3 Milliarden Menschen 10,5 Milliarden Tonnen (10,5 Gt) CO_2 bzw. pro Kopf etwa 8 Tonnen. Die 320 Millionen Bewohner der USA emittierten 5,3 Gt oder 16,5 Tonnen pro Kopf. Die 1,2 Milliarden Bewohner Indiens produzierten 2,3 Gt CO_2 oder etwa 1,9 Tonnen pro Kopf. Obwohl China doppelt so viel CO_2 wie die USA emittiert, produziert ein Chinese knapp die Hälfte der durchschnittlichen Emissionen eines Amerikaners! Ein Inder verursacht lediglich ein Zehntel, und in manchen afrikanischen Ländern produzieren 100 Menschen weniger als ein einzelner US-Bürger. Ebenso drastisch können die Unterschiede innerhalb eines Landes ausfallen. Beispielsweise emittieren wohlhabende Stadtbewohner unter Umständen zehn (oder mehr) Mal so viel CO_2 pro Kopf als ärmere Bevölkerungsschichten auf dem Land. Und die ärmste Milliarde Menschen auf unserer Erde emittiert so gut wie gar keinen fossilen Kohlenstoff.

Ist es richtig zu sagen, dass der *Homo sapiens* an sich einen raschen globalen Klimawandel verursacht? Zweifellos nicht. Mit dem eigenen Auto oder einem schnellen Flugzeug zu reisen gehört zu den energieaufwendigsten Dingen, die ein Mensch tun kann, aber ganz viele Menschen haben das noch nie ge-

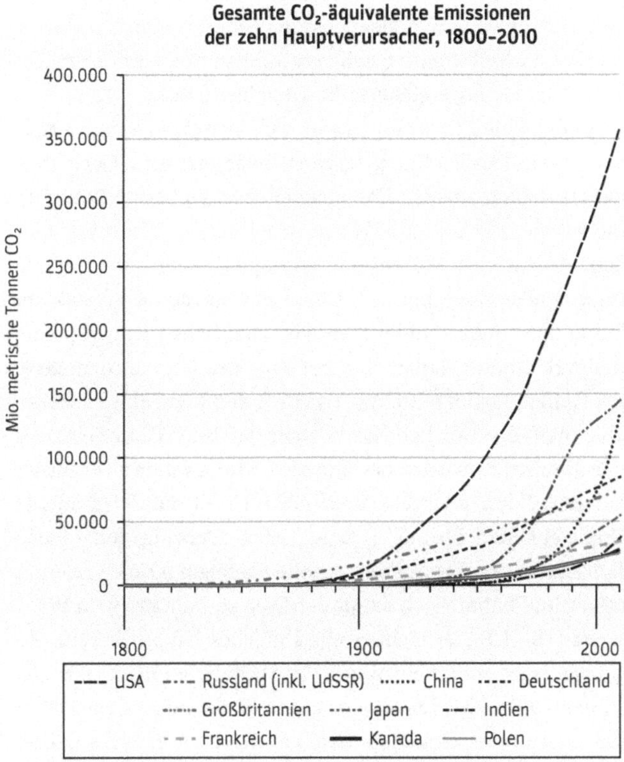

Abbildung 41 | Kumulierte CO_2-Emissionen von 1800 bis 2010.

macht! Bis heute stammt die Energie dafür weitgehend aus billigen, reichlich vorhandenen fossilen Brennstoffen. Der kosten- und kohlenstoffintensive Lebensstil einiger weniger verursacht also eine CO_2-angereicherte Atmosphäre für alle.

Der globale Klimawandel wird sich fortsetzen, solange Kohlenstoff aus fossilen Energieträgern freigesetzt wird. Doch ohne andere kostengünstige Energiequellen ist zu befürchten, dass die Fossilen der primäre Weg zu (materiellem) Wohlstand bleiben. Angetrieben durch eine sprunghaft sich entwickelnde Industrialisierung, hat sich China mit eigener Kraft aus der Reihe der armen Länder zum wirtschaftlichen Kraftzentrum der Welt emporgehoben und lief 2005 den USA als dem größten Kohlendioxidemittenten der Erde den Rang ab. Gemessen an seinen gegenwärtigen Emissionen, lässt sich China leicht als der Hauptverursacher des globalen Klimawandels ins Visier nehmen. Doch das ist ein vorschnelles Urteil, das tief greifende Ungleichheiten übersieht. China begann erst in den 1980er-Jahren mit der Verbrennung großer Mengen fossiler Energieträger und bahnte sich damit den Weg zu industriellem Wohlstand. Die USA erreichten ein ähnliches Niveau bereits ein ganzes Jahrhundert zuvor und Großbritannien noch Dekaden früher. Und es wird noch eine ganze Weile dauern, ehe China das Niveau der Gesamtemissionen der USA erreicht (Abbildung 41). Außerdem verschlingt Chinas Export in die übrige Welt ein Drittel der gesamten Emissionen des Landes und gehen damit nicht allein auf das eigene Konto.

Das Kapitalozän

Eine Epoche nach »dem« Menschen zu benennen weist der gesamten Menschheit die Verantwortung für den Wandel der Erde zu. Aber es war zu keiner Zeit »die« Menschheit. Es sind die Reichen und Reichsten in den wohlhabenden Gesellschaften, die die Hauptverantwortung für den rapiden Klimawandel tragen. Allen die Schuld dafür zu geben ist, als würde man die Bank dafür verantwortlich machen, dass sie ausgeraubt wurde. Milliarden von Menschen haben sich ihr Leben *nicht* erleichtert, indem sie Unmengen billiger fossiler Energie verfeuert haben.

Dem Menschen an sich die Schuld zu geben bedeutet auch, der wichtigsten aller Fragen aus dem Weg zu gehen: Woher kommt diese enorme Ungleichheit? Die anthropogene Veränderung der Umwelt ist ein gesellschaftlicher Prozess. Ein einzelner Mensch mag eine Lampe einschalten können, aber nur eine ganze Gesellschaft ist in der Lage, dafür zu sorgen, dass alle Lichter brennen. Ungleichheiten bei der Veränderung von Umwelten spiegeln lediglich die Ungleichheit in und zwischen Gesellschaften wider, die das Ergebnis soziopolitischer und wirtschaftlicher Prozesse sind.

Eine der am meisten diskutierten Alternativen zu einem Anthropozän schreibt die Verantwortung einer einzigen gesellschaftlichen Veränderung zu. Nach Ansicht des Humanökologen Andreas Malm, des Geographen Jason Moore und des Anthropologen Alf Hornborg lenkt die Bezeichnung »Anthropozän« von dem wahren Schuldigen des anthropogenen ökologischen Wandels ab.

Jason Moore meinte 2014 entsprechend, das Kapitalozän habe mit »einem Wendepunkt in der Geschichte der menschlichen Beziehungen zum Rest der Natur begonnen, der bedeutender war als jeder andere seit dem Aufkommen der Landwirtschaft und der ersten Städte – und, in Relation gesehen. sogar bedeutender als der Aufstieg der Dampfmaschine«. Der Kapitalismus, nicht die Industrialisierung habe die Transformation der Erde verursacht, indem er massive soziale Ungleichheit geschaffen hat, die wiederum »unverfrorene Methoden des globalen Wettbewerbs, eine endlose Ökonomisierung und unerbittliche Rationalisierung gefördert« habe. Die Aktivistin Naomi Klein äußert sich noch schonungsloser:

> »Für unsere von fossilen Brennstoffen angetriebene Wirtschaft sind Opferzonen unabdingbar. Man kann kein System errichten, das sich auf Opfergebiete und geopferte Menschen stützt, ohne begleitende Theorien zu entwickeln, die diese Opfer rechtfertigen, wie die ›Doctrine of Christian Discovery‹ (Christliche Entdeckungslehre), die Lehre vom ›Manifest Destiny‹ (die die offensichtliche Bestimmung der Amerikaner zur Eroberung des Westens beinhaltet), die Postulierung einer *terra nullius*, der Orientalismus ... Auf diese Weise braucht man sich nicht mehr mit den Systemen zu beschäftigen, die bestimmte Menschen geschaffen und denen sich andere heftig widersetzt haben. Ich meine Systeme wie den Kapitalismus, den Kolonialismus, das Patriarchat.«

Auf dieser Grundlage haben Vertreter des Kapitalozäns die anthropozänen Narrative der Naturwissenschaften als »unhistorisch und unpolitisch« kritisiert. Die Darstellung des globalen ökologischen Wandels als Produkt einer undifferenzierten

Menschheit verschleiert die politischen Realitäten hinter diesen Veränderungen, etwa wer die Gewinner und wer die Verlierer dieses Wandels waren. In *The Shock of the Anthropocene* von 2016 gehen die Historiker Christophe Bonneuil und Jean-Baptiste Fressoz weiter. Für sie ist die Nichtbeachtung der Politik weitaus mehr als ein Versehen aus Naivität. Aus ihrer Sicht waren sich die Eliten stets der negativen (Umwelt)Folgen bewusst und haben sich stets bemüht, sie vor der Öffentlichkeit zu verbergen.

Es ist sicher schwierig zu bestimmen, wie sehr der anthropogene ökologische Wandel durch das Verschleiern der Folgen erleichtert wurde, aber solche Vertuschungen hat es zweifellos gegeben. So konnte die Wissenschaftshistorikerin Naomi Oreskes, Mitglied der Arbeitsgruppe Anthropozän, zeigen, wie große Konzerne in der Fossilindustrie ihr Wissen um den anthropogenen Klimawandel von Anfang an verschwiegen und Kampagnen finanzierten, um Zweifel an den wissenschaftlichen Beweisen dafür zu säen.

Störend werden auch Anthropozän-Narrative empfunden, in denen von einem globalen »Bewusstwerden« der Umweltgefahren gesprochen wird; diese führten nur zu einer technokratischen Umweltpolitik, die wiederum elitengesteuert sei. Solche Narrative beschönigten nicht nur die Umweltverbrechen einer hegemonialen kapitalistischen Elite, sie seien selbst Teil einer politischen Strategie. Durch die Anerkennung des Kapitalozäns und die gleichzeitige Ablehnung des technokratischen »Speziesnarrativs« vom Anthropozän werde Raum frei für nuanciertere und politisch bewusstere Strategien gegen die beispiellosen globalen Umweltgefahren der Gegenwart.

Governance

»Das Anthropozän muss benannt werden, bevor jemand versucht, die Verantwortung dafür zu übernehmen«, schrieb der Rechtsprofessor Jedediah Purdy in seinem 2015 erschienenen Buch *After Nature: A Politics for the Anthropocene*. Doch Purdy wies wie die meisten anderen auch darauf hin, dass es immer noch keine klar konturierte politische Anhängerschaft oder Führung (Governance) gibt, die bereit ist, die unglaublich komplexen und schlimmen sozioökologischen Herausforderungen des Anthropozän anzunehmen.

Die anthropozänen Herausforderungen als »schlimm« zu bezeichnen heißt nicht, sie als »übel« zu charakterisieren (obwohl manche es tatsächlich sind). Vielmehr soll damit darauf hingewiesen werden, dass sie ideale Beispiele für das sind, was Politiker gerne »vertrackte Probleme« nennen, Probleme, die charakterisiert sind durch die Nichtumsetzung vereinbarter Lösungen, den Umstand, dass Lösungen meist zu weiteren Problemen führen und es meist Gewinner und Verlierer gibt, sowie durch die Schwierigkeit, auch nur zu definieren, welcher Art die Probleme eigentlich sind. Zwei einfache Beispiele hierfür sind Habitatverlust und Klimawandel. In beiden Fällen bringen die Ursachen dieser Probleme für einige klare Vorteile (Nahrungsproduktion, billige Energie) und führen gleichzeitig zu Umweltschäden, die schwer zu beziffern sind und verschiedene Gruppen der Bevölkerungen in unterschiedlicher Weise betreffen. Agrarland könnte brach gelegt werden, um Habitate für andere Spezies zu schaffen, aber wo soll dann Nahrung angebaut werden? Ist es besser, Emissionen von fossilen Energieträgern durch Technologien zu beseitigen, die den Kohlenstoff aus der Atmosphäre entfernen wie die CO_2-Abscheidung und -Speicherung (Carbon Capture and Storage, CCS)? Oder ist es sinnvoller, in alternative Energiequellen wie die Sonnen- oder gar Atomenergie zu investieren, welche die fossilen Energieträger insgesamt überflüssig machen würden? Oder wäre ein Mix solcher Lösungen am besten? Und das ist nur die Spitze des Eisbergs. Wer gewinnt, wer verliert, wer trägt die Kosten und wer entscheidet? Im Anthropozän liegen nach wie vor all diese Probleme ungelöst auf dem Tisch.

Oberflächlich betrachtet, könnte man den Eindruck gewinnen, dass eine globale Umweltpolitik nötig sei, um die globalen Umweltprobleme anzugehen. Aber die Versuche, dies mithilfe von Rahmenwerken für eine internationale Governance zu erreichen, sind bislang eher gescheitert, als dass sie zu Lösungen geführt hätten. Während das Montreal-Protokoll und nachfolgende Abkommen für den Schutz der Ozonschicht weitgehend erfolgreich waren, stellt das Bemühen der 1990er-Jahre – das Kyoto-Protokoll –, die Kohlendioxidemissionen zu deckeln, eine Fallstudie gescheiterter Umweltpolitik dar. Im jüngsten internationalen Rahmenwerk für die Eindämmung des Klimawandels, dem Pariser Abkommen von 2015, konnten sich die beteiligten Länder erstmals darauf einigen, dass der globale Klimawandel menschengemacht ist. Aber es ist zugleich das bislang schwächste internationale Abkommen, unter anderem weil es keine verpflichtenden Maßnahmen oder bindenden Zusagen enthält, die Treibhausgasemissionen zu reduzieren.

Versuche, die globalen Umweltprobleme zu lösen, konzentrieren sich weiterhin auf internationale Gesetze und Abkommen. So werden neuerdings ein Rahmen »rechtlicher Beschränkungen mit dem Ziel, innerhalb der planetaren Grenzen zu bleiben«, sowie Bemühungen vorgeschlagen, das Seerechtsübereinkommen zu erweitern. Dennoch sind der Politikwissenschaftler Frank Biermann, Vorsitzender des Earth System Governance Project, und andere der Ansicht, das Anthropozän verlange neue politische Strategien, denn die jüngsten Raten, Ausmaße und Prozesse ökologischer Veränderungen seien sowohl beispiellos als auch in teils überraschender Weise miteinander verbunden. Gleichzeitig müssten die komplexen Ungleichheiten, die sowohl die menschlichen Bevölkerungen als auch die von ihnen verursachten Umweltveränderungen charakterisierten, unmittelbar angegangen werden.

Ist eine globale Governance also der Schlüssel für die Lösung globaler Umweltprobleme, oder sind es andere Akteure wie Unternehmen, Nichtregierungsorganisationen und Kommunen von entscheidender Bedeutung? Muss eine globale Umweltpolitik demokratisch sein – nach dem Prinzip eine Person, eine Stimme – oder von Nationen oder anderen Institutionen gelenkt werden? Wie eine Politik verhindern, die in dem einen gesellschaftlichen Sektor Probleme löst, in einem anderen aber Probleme schafft, etwa wenn subventionierter Dünger in einer Region die Nahrungsproduktion erhöht, während Küstenfischerei in einer anderen Region deshalb nicht mehr überlebensfähig ist? Können die Bedürfnisse künftiger Generationen in die heutige Politik und Governance einbezogen werden? Und was ist mit den Rechten von nicht menschlichen Organismen auf einem Planeten, der zunehmend zugunsten des Menschen umgewandelt wird?

Das Chthuluzän

Das vielleicht provokanteste Gegennarrativ zum Anthropozän – schon allein die Aussprache ist schwierig – ist der Begriff des »Chthuluzän«, den die feministische Theoretikerin und Wissenschaftsphilosophin Donna Haraway 2014 in einem Zeitschriftenartikel mit dem Titel »Anthropocene, Capitalocene, Plantationozän, Chthuluzän: Making Kin« eingeführt hat. Für Haraway und ihre breite Anhängerschaft in den Geistes- und Sozialwissenschaften ist der Fokus des Anthropozän auf den Menschen schon an sich problematisch. Aufgrund der Reproduktion einer imaginierten Welt unter menschlicher Kontrolle muss das anthropozäne »Speziesdenken« durch Konfrontation mit »anderen Denkwelten« erschüttert werden. Der Mensch muss aus dem Zentrum verbannt und in komplexe Netze sozialer und ökologischer Prozesse eingebunden werden, in denen nicht menschliche Organismen eine entscheidende Rolle spielen.

Haraway betrachtet das Kapitalozän als eine nützliche, die menschliche Spezies aus dem Zentrum vertreibende Kampfansage an das Anthropozän, spricht aber auch von einem »Plantationozän«, das wie der Orbis-Spike gekennzeichnet ist »durch die verheerende Verwandlung von Bauernhöfen, Weiden und Wälder in extraktive und eingehegte Plantagen, die auf Sklavenarbeit und andere Formen der ausgebeuteten, entfremdeten und meist zu räumlicher Mobilität gezwungenen Arbeitskraft beruhen.«

Mit dem Chthuluzän führt Haraway ihr Argument indes noch viel weiter, indem sie den mythischen, kosmischen, mit mehreren Tentakeln ausgestatteten Alien des Schriftstellers H. P. Lovecraft (Cthulhu) bemüht, um das undurchdringliche Gewirr und das Miteinanderverbundensein scheinbar individueller Wesen zu symbolisieren. Um diese Vision auszugestalten zieht Haraway die neuesten wissenschaftlichen Belege dafür heran, dass die Individuen der meisten, wenn nicht aller Spezies in Wirklichkeit funktionierende Ansammlungen mehrerer Spezies sind. Beispielsweise befinden sich in menschlichen Individuen mehr mikrobielle als menschliche Zellen, vor allem im artenreichen »Mikrobiom« unseres Verdauungssystems. Für Haraway ist Individualität nur eine Illusion.

Sich eine anthropozäne Welt unter menschlicher Kontrolle zu imaginieren bedeutet, so Haraway, das »extinktionistische« Paradigma zu übernehmen, mit dem die Erde überhaupt erst derart transformiert wurde. Den Menschen als ein Imaginäres neu zu erfinden, das in eine umfassendere Welt voneinander abhängiger, aus vielen Spezies bestehender Ansammlungen eingebettet ist, kann die destruktiven Narrative auflösen, welche die Veränderung der Erde durch den Menschen gerechtfertigt und geleitet haben. Um solche Prozesse der Neuerfindung des Menschen zu erleichtern, prägte Haraway die Losung »macht euch verwandt, nicht Babys« und betrachtet alle Kreaturen der Erde als Verwandte, zu denen auch die Menschen gehören, verbunden durch eine gemeinsame Abstammung – und führt so alles Leben in der Biosphäre zusammen.

Obwohl Haraway in ihren Narrativen absichtlich die Wissenschaftssprache meidet, überschneiden sie sich mit dem Systemdenken der Erdsystemwissenschaft, nach dem alle Organismen der Erde funktionell durch biogeochemische Kreisläufe und Energieflüsse miteinander und mit der abiotischen Erdumwelt verbunden sind, die von einer überraschend nicht linearen Dynamik gekennzeichnet sind.

Die durch und durch sozialökologische Perspektive des Chthuluzäns wirft auch ein Schlaglicht auf eine der schwierigsten Fragen im Zusammenhang mit dem Anthropozän, nämlich die, ob Menschen überhaupt das Recht haben, die Erde zu verändern. Indem Haraway das Anthropozän mit dem Chthuluzän kontrastiert, kommt sie einer größeren Reihe »posthumanistischer« sozialer Bewegungen zu Hilfe, die »Hierarchien zwischen den Spezies« zugunsten neuer Formen der Bioethik ablehnen. Hierzu gehören beispielsweise Tierbefreiungen, eine »Tieragenda« und die Anerkennung eines »intrinsischen Werts der Natur«, der über menschliche Bewertungssysteme hinausgeht. So schrieb die Professorin für Environmental Humanities Ursula Heise, es sei Zeit für »eine mehr als menschliche Demokratie, die den Gedanken den Anthropozän von ihrem alleinigen Fokus auf den Menschen wegbringt«. In vielerlei Hinsicht entdeckten diese neuen Bewegungen die kulturellen Werte, Perspektiven und Narrative wieder, an denen sich viele nicht westliche Gesellschaften immer schon orientiert haben.

Reflexionen

Indem das Anthropozän das Bewusstsein dafür erhöht, dass die Welt, die wir bewohnen, zunehmend unsere eigene Schöpfung ist, erweist es sich auch als eine »reflexive Zeitperiode«, in der Menschen wieder darüber nachdenken, was es bedeutet, Mensch zu sein. Solche Überlegungen regen zu einem breiten Spektrum von Ideen und künstlerischen Ausdrucksformen an, die weit über das hinausgehen, was sich die ersten Befürworter eines Anthropozän hätten vorstellen können. Workshops, Kongresse und andere Formen der Zusammenkunft gedeihen innerhalb wie außerhalb akademischer Kreise und erweitern die Gemeinschaft von Forschern, Denkern und Schaffenden, die das Verhältnis zwischen Mensch und Natur neu zu bestimmen versuchen.

Einer der am breitesten angelegten Versuche, ein neues Denken im Zusammenhang mit dem Anthropozän anzuregen, ist ein Projekt des Hauses der Kulturen der Welt in Berlin (HKW), das 2013 in Angriff genommen wurde. Mit großzügiger Förderung vonseiten der deutschen Regierung konnte das HKW mehrere Ausstellungen und Treffen von Künstlern, Wissenschaftlern und Darstellern aus aller Welt für eine gemeinsame »grundlegende kulturelle Forschungsarbeit« durchführen, und zwar unter der »zentralen Prämisse der Anthropozän-These«, wonach »unsere Naturauffassung nicht mehr zeitgemäß ist. Die Menschheit formt die Natur.«

Als geladener Gast bei der Eröffnungsveranstaltung war ich erstaunt über das breit gefächerte Angebot an Interpretationen des Anthropozän. Ich war aufgefordert worden, ein anthropozänes Beweisstück zu präsentieren – und ich hatte einen »Stein« aus geschmolzenem Metallschrott mitgebracht, den ich als Teenager gefunden hatte, sowie das Bruchstück eines Ziegelsteins von einer niedergerissenen chinesischen Stadtmauer, auf dem der Name des Herstellers zu lesen war. Jan Zalasiewicz, der ebenfalls teilnahm, präsentierte eine lebende Katze, Dipesh Chakrabarty und Will Steffen hielten Grundsatzreferate. Ich weiß noch, dass ich bei einer öffentlichen Diskussion über die Frage: »Ist das Anthropozän schön?« gemeinsam mit Emma Marris bedauerte, den Auftritt eines nackten Mannes versäumt zu haben, der sich, wie mir später erzählt wurde, in eine Wildkatze verwandelt hatte, während gleichzeitig ein echter Fuchs über die Bühne lief. Das Anthropozän war wirklich eine seltsame neue Welt. Das Haus der Kulturen bot außerdem Raum für einen »Anthropozän-Campus« und entwickelte ein »Anthropozän-Curriculum«. Darüber hinaus unterstützt es auch weiterhin Projekte, die in diese Richtung gehen. Ich besitze ein T-Shirt von einer dieser Veranstaltungen mit der Aufschrift »When Are We?!«. In einer schicksalhaften Umkehrung des Verhältnisses von Kunst und Wissenschaft, wie sie selten vorkommt, veranstaltete das Haus der Kulturen auch das Auftakttreffen der Arbeitsgruppe Anthropozän, die selbst nicht über die Mittel dafür verfügt.

Das Anthropozän ist Gegenstand von Büchern mit Titeln wie *Art in the Anthropocene*, *Architecture in the Anthropocene*, *The Birth of the Anthropocene*, *Adventures in the Anthropocene*, *Learning to Die in the Anthropocene*, *Love in the Anthropocene* und des Gedichtbands *The Misanthropocene*.

Es gibt ein Instrumentalstück des Musikers Brian Eno namens »Deep Anthropocene« und den Song »Anthropocene« von Nick Cave and the Bad Seeds. Ein beliebtes Heavy-Metal-Album trägt den Titel »The Anthropocene Extinction« (von Cattle Decapitation). Darin tauchen Bilder apokalyptischer postindustrieller Landschaften auf, übersät mit menschlichen, Plastik ausspeienden Leichen. Natürlich fehlen auch die Dokumentarfilme über das Anthropozän nicht, und weitere sind in Vorbereitung.

Die kreativen Interpretationen haben anscheinend eines gemeinsam: das Anthropozän als Krise, als Krise der Natur, als

Krise der Menschheit, als Sinnkrise, als eine Krise des Wissens und vor allem eine Krise des Handelns. Das Anthropozän verlangt, dass wir aktiv werden.

KAPITEL 8

Prometheus

1999 stellte Hans Joachim Schellnhuber die zentrale Frage im Zusammenhang mit dem Anthropozän: »Warum sollte Prometheus Gaia nicht zu Hilfe eilen?« Wenn Menschen die Erde verändern, was ist zu tun? Oder etwas bescheidener: Was können wir tun? Können Menschen die Bahn der Erde in eine andere Richtung bringen, sodass sowohl die Menschheit als auch die nicht menschliche Natur davon profitieren?

Die wissenschaftlichen Erkenntnisse sind eindeutig. Der menschliche Wohlstand steigt in demselben Maße, wie unsere Gesellschaften den Planeten aufheizen, verschmutzen, seine Artenvielfalt zerstören und ihn unberechenbar machen. Das gesamte Erdsystem wird in einen Zustand gezwungen, zu dem sich keine Entsprechung in der Geschichte finden lässt. Damit entsteht die sehr reale Möglichkeit so rapider und so starker Umweltveränderungen, dass selbst die erfinderischsten Gesellschaften sie nicht überleben. Diesen Weg weiterzuverfolgen heißt, mit der Zukunft sowohl menschlicher Gesellschaften als auch mit der des übrigen Lebens auf der Erde zu spielen.

Auf dem Spiel steht – abseits der geologischen und stratigraphischen Wissenschaften – eine neue Erzählung über unseren Platz in der Natur, über unser Verhältnis zum Rest des Planeten. Dieses Narrativ wirft einige schwierige Fragen auf, zum

Beispiel die, was genau wir eigentlich mit unserem Planeten machen. Ist dies eine Geschichte besinnungsloser Zerstörung oder eine des Aufwachens und der Wiedergutmachung? Zweifellos haben wir erst begonnen, die vielen Dimensionen, Variationen und Alternativen zu erkennen, die in der Zukunft des Anthropozän eine Rolle spielen werden. Vielleicht geht es in diesem Stadium nicht darum, an welche Erzählung wir glauben, sondern um die Notwendigkeit vieler verschiedener Anthropozän-Narrative, um ein möglichst großes Spektrum menschlicher Bedürfnisse angehen zu können. Für die meisten menschlichen Gesellschaften hat eine einzige Beschreibung unseres Platzes auf der Erde nie ausgereicht.

Könnte die Anerkennung des Anthropozän ein Handeln für eine bessere Zukunft befeuern? Für die Redakteure der Zeitschrift *Nature* war in einem Kommentar zu einer Tagung der Geological Society of London 2011 die Antwort ein klares Ja: »Eine offizielle Anerkennung des Anthropozän würde das Bewusstsein auf die bevorstehenden Herausforderungen fokussieren.«

Den Nagel vortreiben

Das Interesse am Anthropozän ist seit der Einführung des Begriffs durch Crutzen im Jahr 2000 anhaltend groß. Aber die Forschung auf diesem Gebiet kam erst nach 2008 in Gang, als sich Geologen damit befassten, und nahm nach 2011 sprunghaft zu. Nur ein paar Dutzend Experten waren bei dem Treffen in London anwesend, aber Zalasiewicz und seine Kollegen hatten ihre Hausaufgaben gemacht. In der Märzausgabe der Zeitschrift *National Geographic* stand das Thema Anthropozän im Vordergrund. Die Arbeiten der eingeladenen Redner waren soeben in einer Sonderausgabe zum Thema Anthropozän der 1665 gegründeten Zeitschrift *Philosophical Transactions of the Royal Society* (schon Newton und Darwin veröffentlichten hier) vorgestellt worden. »Willkommen im Anthropozän«, verkündete das Titelblatt des *Economist.*

In der Januar-Ausgabe 2016 der Zeitschrift *Science* legte die Arbeitsgruppe Anthropozän (einschließlich mir selbst) wissenschaftliche Belege vor, welche die These der Großen Beschleunigung in der Mitte des 20. Jahrhunderts als das wichtigste wissenschaftliche Narrativ stützen und den Übergang der Erde aus dem Holozän in das Anthropozän erklären. Artenaussterben, Entwaldung, Domestizierung, das Eindringen fremder Spezies, Landwirtschaft, Reisanbau, anthropogene Böden und selbst die industrielle Revolution, all das wurde untersucht und als zu diachron verworfen, um für einen globalen synchronen Goldnagel für die vorgeschlagene neue Epoche in der geologischen Zeitskala zu taugen. Im selben *Science*-Artikel und in weiteren Veröffentlichungen erwog die Arbeitsgruppe auch Lewis' und Maslins Orbis-Spike-Vorschlag, der auf der Verminderung des atmosphärischen CO_2-Gehalts im Jahr 1610 beruhte, lehnte ihn aber wegen der relativ geringen Größe des Signals und der Schwierigkeiten bei der globalen Korrelation ab.

Beim Treffen des International Geological Congress in Südafrika im August 2016 wurden die Ergebnisse einer Abstimmung unter den Mitgliedern der Arbeitsgruppe vorgestellt. Sie zeigten mit nur drei Gegenstimmen die nahezu einhellige Befürwortung einer Anthropozän-Formalisierung. Ebenfalls unterstützt wurde der Vorschlag, den Beginn der neuen Epoche in der Mitte des 20. Jahrhunderts anzusetzen, allerdings sprachen sich vier Mitglieder für einen »diachronen« Anfang aus. Die Abstimmungen für bestimmte stratigraphische Marker führten zu unterschiedlichen Ergebnissen: Zehn unterstützten den Plutonium-Fallout, vier Radiokarbon, drei Plastik, sechs enthielten sich.

Außerhalb der Arbeitsgruppe sind die Stimmen unter den Geologen gemischt. Die Kritikpunkte differieren, die grundsätzlichsten Bedenken äußern Stan Finney, Phil Gibbard (ehemals Vorsitzender der ICS-Unterausschusses für die Stratigraphie des Quartärs), William Ruddiman, Whitney Autin, John Holbrook und James Scourse wegen der starken Zweifel am Nutzen eines Anthropozän für die geologische Wissenschaft. So schrieb Scourse 2016:

> »Es gibt viele Methoden, die Zeit zu messen und Stratigraphien für die Epoche zu erstellen, in der Menschen fortschreitend das Erdsystem beeinflussen, wie beispielsweise die Messung von Baumringen, Radioisotopen, die durch Atomwaffentests eingeführt wurden, oder die Zählung der Jahresschichten in Eiskernen. Wir wenden diese Verfahren tagtäglich an und benötigen keinen neuen Begriff.«

Während ich dies hier schreibe, prüft die Arbeitsgruppe Anthropozän weiterhin Dutzende mögliche in Seesedimenten, Torfmooren, Gletschern, Höhlen und anderen geschichteten Ablagerungen gefundene GSSP-Kandidaten. Wenn alles gut läuft, wird für das Treffen des International Geological Congress 2020 in Indien ein offizieller GSSP-Vorschlag für das Anthropozän zur Verfügung stehen.

Tiefer graben

Das Anthropozän als Epoche ist in den vielen akademischen Communitys, die sich mit dem sozialen und ökologischen Wandel beschäftigen, weiterhin umstritten, nicht nur bei Archäologen, Anthropologen, Soziologen, Geographen und Umwelthistorikern, sondern auch bei Ökologen und Erdwissenschaftlern. Allen gemeinsam ist die Frage der Terminierung. Beweise für die Transformation der Erde durch den Menschen schon lange vor dem 20. Jahrhundert - sie geht zurück bis zum Ende des Pleistozäns - gibt es in großer Zahl. Aber die am weitesten verbreiteten Bedenken betreffen das, was Andrew Bauer die »Anthropozän-Scheide« (Anthropocene divide) nennt.

Stratigraphen teilen die geologische Zeit aus rein pragmatischen Gründen in einzelne Intervalle ein, nicht weil sie glauben, dass die Dynamik der Erde Brüche aufweist. Dennoch konzentrieren sich die Bemühungen um Fortschritte im wissenschaftlichen Verständnis der Transformation der Erde durch den Menschen grundsätzlich nicht auf die Identifizierung genauer Zeitgrenzen, sondern auf die komplexen, kontinuierlichen, sozial differenzierten, ökologisch miteinander verbundenen und historisch kontingenten Prozesse, durch die Menschen diese Transformation im Lauf der Zeit bewirkt haben. Aus dieser breiten Perspektive betrachtet, ist es zweifelhaft, ob die Einteilung der geologischen Zeit in zwei Teile (um das Jahr 1950, wie die Arbeitsgruppe Anthropozän vorschlägt, oder um 7.000 Jahren vor heute, wofür sich andere aussprechen) zu Fortschritten bei den wissenschaftlichen Bemühungen um ein Verständnis der Transformation der Erde durch den Menschen beiträgt.

Der Archäologe Karl Butzer beschrieb das Anthropozän als ein »sich fortentwickelndes Paradigma«. Bruce Smith, Melinda Zeder und Tod Braje – gleichfalls Archäologen – vertreten die Ansicht, ein kombiniertes »Holozän/Anthropozän«-Intervall werde den Fokus wieder auf die Erforschung der Erdumwandlung als eines langen sozialökologischen Prozesses zurücklenken. Jedenfalls sind die Ursachen für den Eintritt der Erde ins Anthropozän menschlicher und sozialer Natur. Die Arbeitsgruppe unter der Leitung von Stratigraphen, aber mit Beteiligung von Nichtgeologen konzentriert sich zwar auf die Definition des Anthropozän als geologischer Einheit nach geologischen Kriterien, aber die größere Community von Sozial- und Umweltwissenschaftlern hat alle Gründe, sich an dieser Definition und ihrer Interpretation zu beteiligen. Darüber hinaus müssen sie vielleicht alternative und breiter gefasste Definitionen entwickeln, die für eine tiefer greifende historische Sicht auf den sozialökologischen Wandel besser geeignet sind.

Technosphäre

Das Anthropozän stellt auch die Anforderung an Geologen, sich neue Methoden der Beobachtung und Analyse anzueignen. Inzwischen wurden 170.000 »synthetische mineralähnliche Stoffe« identifiziert, die nur aufgrund menschlicher Aktivitäten existieren, etwa Computerchips auf Siliziumbasis, industrielle Abrasivstoffe oder alte Töpferwaren und Glas. Demgegenüber stehen die etwa 5.000 »natürlichen« Mineralien. Auch das Gesamtvolumen der durch Menschen transformierten Teile der Erde, beispielsweise durch die Landwirtschaft veränderte Böden und durch Schleppnetzfischerei gestörte Meeressedimente, wurde geschätzt. Die 30 Billionen Tonnen dieser »physischen Technosphäre« sind wahrlich atemberaubend: 100.000-mal größer als die lebende menschliche Biomasse der Erde (aber nur ein 200-Millionstel der Gesamtmasse der Erde). Allein schon das Plastikmaterial übersteigt inzwischen die menschliche Biomasse und ist von 2 Millionen produzierten Tonnen im Jahr 1950 auf 300 Millionen im Jahr 2015 angewachsen. Die historische Gesamtproduktion – inzwischen 5 Milliarden Tonnen – würde ausreichen, die gesamte Erdoberfläche in einen dünnen Plastikfilm einzuhüllen.

Geologen untersuchen inzwischen auch die Entstehung von »Technofossilien«, angefangen von Städten, Straßen und Bohrinseln bis hin zu der verblüffenden Vielfalt der Kunststoffprodukte, seien es Gehäuse für elektronische Geräte, Plastikflaschen oder Mikrofasern. Das langfristige Schicksal von Stahlträgern, Elektrodrähten, Plastik und etlichen anderen anthropogenen Materialien ist zwar noch ungewiss, aber ihr Potenzial zur Fossilisation in See- und Meeressedimenten, Deponien und anderen stratifizierten Ablagerungen und die schiere Menge, die produziert wurde und wird, dürften ihr Überleben in den geologischen Schichten garantieren. Technofossilien umkreisen inzwischen auch die Erde, landen auf dem Mond und mehreren Planeten und erreichen sogar den interstellaren Raum.

Die Vielfalt der »Technospezies« in der Reihe kultureller Artefakte könnte auch die Möglichkeit eröffnen, in zukünftigen Schichten hochdifferenzierte Zeitskalen des sozialen Wandels zu beobachten, parallel zur Untersuchung der »materiellen Kultur« durch Archäologen. Die Zahl der Technospezies übersteigt womöglich schon die der lebendigen Arten, die bei etwa

10 Millionen liegt. Die Menge elektronischer Geräte, von Haushaltsgegenständen und Industrieteilen geht mit hoher Wahrscheinlichkeit in die Millionen. In Zukunft könnten Geologen durchaus die geologische Zeitskala mithilfe »technostratigraphischer Marker« erweitern.

Anthroposphäre

Auch für die Erdsystemwissenschaft bringt das Anthropozän neue Herausforderungen mit sich, so etwa die Notwendigkeit, menschliche Systeme und die Anthroposphäre als elementare Bestandteile des Erdsystems ebenso zu modellieren wie seine Biosphäre, Atmosphäre und seine Klimasysteme.

Schellnhubers Vision von einer zweiten kopernikanischen Wende schloss die Anthroposphäre in eine Erdsystem-»Gleichung« mit ein, sowohl in ihrer physischen Realität wie auch als eine metaphysische »sich ihrer selbst bewussten Kontrollkraft« – eine globale menschliche Intelligenz in Form eines bewussten, intentionalen und »teleologischen« Systems, das die Erde in eine bessere Situation führt. Er war nicht der Erste, der diesen Vorschlag machte. Vernadsky selbst betrachtete das menschliche Bewusstsein als »drittes Stadium« in der Entwicklung des Erdsystems, das auf die Geosphäre und die Biosphäre folgt, als eine global bewusste »Noosphäre«. Diese beruht auf dem von dem französischen Priester und Philosophen Teilhard de Chardin in den 1920er-Jahren entwickelten Konzept. Angesichts des gegenwärtigen Zustands der Erde stellt sich die Frage, was die Noosphäre dazu denkt.

Die Erdsystemsimulationen enthalten inzwischen zunehmend komplizierte Modelle des sozialen Wandels und der dynamischen sozialökologischen Wechselwirkungen wie zum Beispiel die Veränderungen in den ökonomischen und agrarwirtschaftlichen Strukturen aufgrund des Klimawandels. Obwohl solche Modelle noch in den Kinderschuhen stecken, wächst das Interesse an diesem Fachgebiet ebenso rapide, wie die Investitionen in diese Forschung zunehmen.

Die Erdsystemwissenschaft bemüht sich außerdem darum, ihre stetigen prozessbasierten Modelle mit den einzelnen Einheiten stratigraphischer Zeit in Einklang zu bringen. Beispielsweise verursachte die Photosynthese einen massiven Zustandswechsel im Erdsystem, obwohl sie nicht durch ein Zeitintervall in der geologischen Zeitskala markiert ist. Andererseits grenzen Stratigraphen das Holozän vom Pleistozän ab, obwohl beide dieselbe durch orbitale Einflüsse (Veränderungen der Erdumlaufbahn und -rotation) bedingte Klimadynamik aufweisen, weshalb sie sich in erdsystemischer Hinsicht nicht unterscheiden. Das Holozän ist lediglich das jüngste von Dutzenden interglazialen Intervallen.

Vor diesem Hintergrund empfehlen der Geologe Ben van der Pluijm und andere, das Holozän ganz zu streichen, obwohl die Mehrheit der Geowissenschaftler das Holozän als einen nützlichen Skalenbereich erachtet. Würde man das Holozän streichen, würde das Anthropozän das Pleistozän in dem Moment ablösen, wenn die Klimaveränderung durch den Menschen die Oberhand über die orbitalen Einflüsse als Hauptantrieb der Dynamik des Erdklimas gewinnt, was mit großer Sicherheit Mitte des 20. Jahrhunderts eintrat oder vielleicht schon viel früher. Aus der Perspektive eines Erdsystems ist solch eine Verschiebung leicht zu erkennen; Will Steffen schätzt, dass die anthropogene Erwärmung im Vergleich zu den geologischen Hintergrundraten inzwischen 170-mal schneller vonstattengeht.

Wie Schellnhuber voraussagte, ist die Erdsystemwissenschaft nun aufgefordert, viel mehr als Messungen und Prognosen zu liefern. 2015 wurde das IGBP in »Future Earth« überführt, ein neues internationales Forschungsprogramm, dessen Schwerpunkt auf der globalen Nachhaltigkeitswissenschaft liegt. Nicht nur Wissenschaftler, sondern auch politische Entscheidungsträger und führende Leute aus der Wirtschaft arbeiten hier zusammen, um die Forschungsagenda auf eine bessere Umweltpolitik auszurichten. Prometheus ist tatsächlich aufgerufen, Gaia zur Seite zu stehen.

Geoengineering

Keine Form des Umweltmanagements ist prometheischer als ein Geoengineering des Erdklimas. Und nach Ansicht von Paul Crutzen ist es eng mit dem Anthropozän verschlungen. 2002 schrieb er:

> »Meiner Ansicht nach besteht wohl kaum Zweifel, dass als eines der charakteristischen Merkmale des ›Anthropozän‹, ›Homo sapiens‹-Generationen in der fernen Zukunft alles tun werden, was in ihrer Macht steht, die Entwicklung einer neuen Eiszeit durch Einführung wirkmächtiger künstlicher Treibhausgase in die Atmosphäre zu verhindern. Ebenso sicher würde jeder Rückgang des CO_2-Gehalts auf zu geringe Konzentrationen, der zu einer Verminderung der Photosynthese und der landwirtschaftlichen Produktivität führt, durch künstliche Freisetzung von CO_2 bekämpft.«

Es liegen bereits Belege dafür vor, dass anthropogene Treibhausgasemissionen die nächste Eiszeit um 100.000 Jahre verschoben hat. Doch das Interesse am Klimaengineering ist noch nie größer gewesen. Je mehr sich die Erde erwärmt, desto teurer wird es sein, mit den Folgen fertigzuwerden: gestörte Nahrungsversorgungssysteme, ausgedehnte Dürren, extreme Hitzewellen, ein steigender Meeresspiegel, schwere Unwetter und andere Schäden, die den Gesellschaften entstehen. Bis heute scheitern alle gesellschaftlichen Versuche, den zunehmenden Treibhausgasemissionen Einhalt zu gebieten. Und je weniger dies gelingt, desto mehr werden Gesellschaften in Zukunft bereit sein, ein kühleres Klima zu erzwingen. Irgendwann könnte sich herausstellen, dass Geoengineering die letzte Möglichkeit ist, dies zu erreichen.

Zu den Methoden des Klimaengineering gehören die direkte Abscheidung und Speicherung von CO_2 (»Direct air capture«), das Pflanzen von Bäumen, die Verminderung der Bodenbearbeitung, die Einarbeitung von Holzkohle in Böden (»biochar« oder »Pflanzenkohle«) und die Düngung der Meere sowie weitere Verfahren zur besseren Aufnahme und Speicherung von biologischem Kohlenstoff. Man könnte aber auch die Erde durch sogenanntes Solar radiation management (SRM) abkühlen, bei dem Sonnenenergie in den Weltraum zurückgestrahlt wird, zum Beispiel indem man Dächer weiß streicht und riesige Spiegel im Weltraum installiert. Von den vielen auf dem Tisch liegenden Geoengineering-Methoden ist die am meisten diskutierte, ökonomisch und technisch am ehesten durchführbare und potenziell gefährlichste nach wie vor Paul Crutzens Vorschlag von 2006, feinste, reflektierende Sulfataerosole in die Stratosphäre zu injizieren.

Eine Reihe von Studien, unter anderem anhand von Computersimulationen und Schätzungen der globalen Abkühlung durch den Ausbruch des Pinatubo auf den Philippinen im Jahr 1991, bestätigt, dass Sulfatpartikel in einer Menge, die die Erde um bis zu mehrere Grad Celsius abkühlen würde, durch eine Flotte von Düsenjets kosteneffektiv versprüht werden könnte. Ein solcher Eingriff könnte selbst das Maximum der für das Ende dieses Jahrhunderts geschätzten Erderwärmung (4 bis 6 Grad Celsius) abwenden. Der Klimawissenschaftler David Keith geht davon aus, dass eine Reduktion der Erdtemperaturen um etwa 1 Grad Celsius mit einem Jahresaufwand in Höhe von nur 700 Millionen Dollar erreicht werden könne – eine geringe Summe im Vergleich zu den Kosten, die anstehen, um weitere Treibhausgasemissionen zu verhindern (ganz zu schweigen von Mitteln, die Staaten, global agierenden Unternehmen oder Multimilliardären zur Verfügung stehen).

So verlockend eine solch kostengünstige und umsetzbare technologische Lösung sein mag, so hat doch ein Sonnenschirm aus Sulfat echtes Potenzial für katastrophale Nebenwirkungen, von schweren Dürren bis hin zum vollständigen Ausfall von Monsunregen. Das Verfahren ist ein hervorragendes Beispiel dafür, wie man ein Problem löst, indem man ein noch viel größeres schafft.

Ikarus

Eigentlich würde es schon reichen, das Anthropozän als ein Phänomen zu definieren, das durch Klimawandel, Massenaussterben und weitverbreitete Umweltverschmutzung gekennzeichnet ist. Doch das sind nur ein paar der bekanntesten globalen Umweltprobleme. Eine einzige synthetische Chemikalie wie das Schädlingsbekämpfungsmittel DDT hatte das Potenzial, Arten auf dem ganzen Planeten zu dezimieren. Heute sind über 85.000 synthetische Chemikalien in Gebrauch, und ihre Produktion steigt weiter an (Abbildung 42). Die meisten wurden nie daraufhin getestet, ob sie Menschen schaden oder anderen Spezies oder gar dem Erdsystem insgesamt.

Noch beunruhigender ist, dass massiv schädigende Umweltveränderungen jahrzehntelang nicht erkannt wurden, obwohl sie eigentlich die ganze Zeit hätten evident sein müssen. Zwei klassische Beispiele hierfür sind die Versauerung der Meere (Abbildung 43) und die Plastikverschmutzung. Wahrscheinlich ist Ihnen bekannt, dass die Auflösung von Kohlendioxid Wasser sauer macht. Doch dieser einfache chemische Vorgang wurde weithin erst als Gefahr für die Meere erkannt, als der Meeresforscher Ken Caldeira 2003 Berechnungen anstellte, die das Ausmaß der Bedrohung offenbarten. Das Wachstum einiger Korallen verlangsamt sich bereits. Wenn die CO_2-Emissionen unvermindert anhalten, werden die Korallenriffe der Erde und viele Schalentiere bis zum Ende dieses Jahrhunderts verschwunden sein, eine Erkenntnis, die auf Vergleichen mit früheren Intervallen der Erdgeschichte beruht, in denen die Meere übersäuert waren. Schlimmer noch: Erwärmte Meere könnten

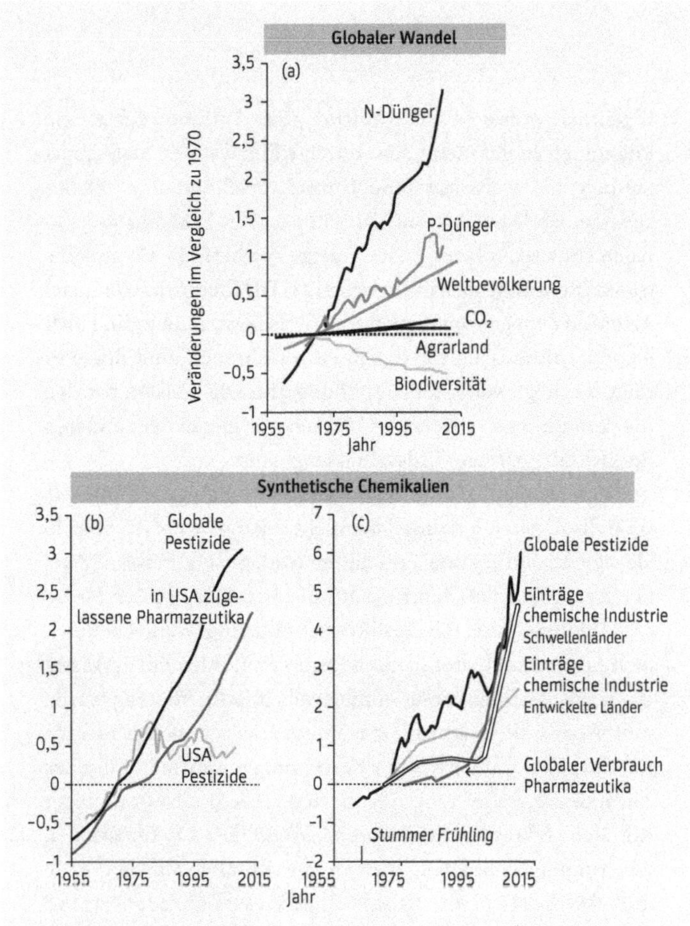

Abbildung 42 | Relative globale Veränderungen (a) bei den Treibern des globalen Wandels, (b) in der chemischen Diversität und (c) in der Produktion synthetischer Chemikalien.

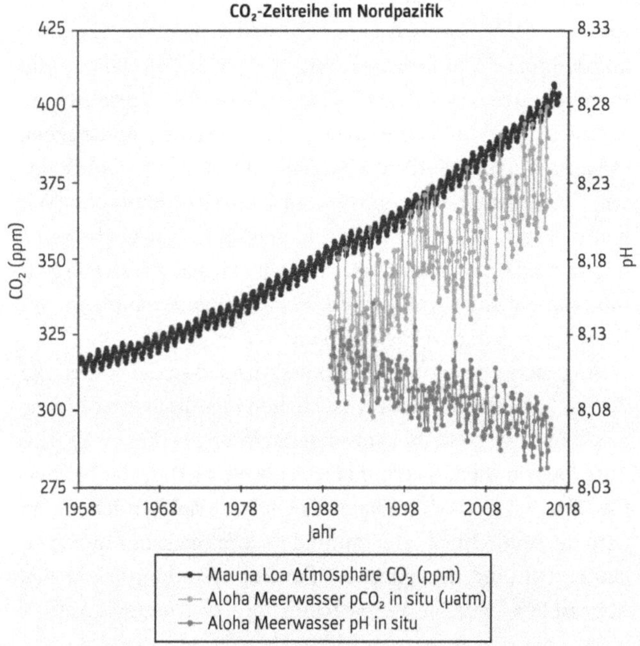

Abbildung 43 | Versauerung der Meere. Atmosphärisches CO_2 löst sich in Meerwasser und senkt den pH-Wert. Messungen vor der Küste von Hawaii.

die Sache schon früher erledigen. Doch selbst in *Global Change of the Earth System*, der 2004 erschienenen, bislang umfassendsten Darstellung der Erdsystemwissenschaft, wird die Meeresversauerung mit keinem Wort erwähnt.

Angesichts der unglaublichen Menge an Plastik, das produziert wird, könnte die Umweltverschmutzung durch dieses Material als zwangsläufige Folge erscheinen. Doch erst in jüngster Zeit haben Wissenschaftler die Dimension des Problems erkannt. Mikroskopisch kleine Plastikteilchen von Kleidung aus Mikrofaser, Mikrokügelchen in Kosmetikprodukten und Reinigungsmitteln und zerfallene größere Plastikgegenstände sammeln sich in alarmierenden Ausmaßen in aquatischen Organismen an – und das sind nicht die einzigen »unbekannten Unbekannten« der weltweiten Umweltveränderung. Wir könnten (und müssten) uns auch über synthetische Hormone und andere Pharmazeutika Gedanken machen, die sich in Süßwasserorganismen und ganzen Ökosystemen ansammeln, mit Folgen, von denen wir relativ wenig wissen.

Angesichts des überwältigenden Ausmaßes, der Raten und Vielfalt schädlicher von menschlichen Gesellschaften hervorgerufenen weltweiten Umweltveränderungen lässt sich das Anthropozän eigentlich nur als ein absolutes Desaster betrachten. Man könnte es durchaus als ein Intervall bezeichnen, in dem die Menschheit oder zumindest ihre reichsten Industrieländer sich und den übrigen Planeten besinnungslos in den Abgrund treiben. Die Perspektive eines »schlechten« Anthropozän, das von einer vergifteten Umwelt, abnehmender Gesundheit und sinkendem Wohlbefinden der Menschen, Krieg, verfehlter Landwirtschaft, überschwemmten Städten, einem katastrophalen Klimawandel, Massenaussterben und dem Zusammenbruch der Sozialsysteme gekennzeichnet ist, ist vielleicht unvermeidlich. Prometheus könnte die völlig falsche metaphorische Figur sein. Möglicherweise erweist sich die dumme Hybris des Ikarus, trotz überwältigender Gegenargumente fliegen zu wollen, als das bessere Bild. Und doch fliegen einige Menschen heute tatsächlich. Es ist sogar sicherer, als eine Straße entlangzugehen.

Gute Anthropozän-Varianten

Die Einflussnahme des Menschen auf die Erde, durch die sich das Anthropozän definiert, ist so tief greifend, dass sie dauerhafte Spuren in ihrem Gestein hinterlassen wird. Trotzdem sprechen einige noch von einem »guten Anthropozän«. Mir selbst wurde vorgeworfen, den Begriff geprägt zu haben, aber der Schuldige ist wohl eher Andrew Revkin. Jedenfalls weiß ich noch, dass ich den Begriff beim Anthropozän-Kongress 2011 in London zum ersten Mal hörte.

Vom wissenschaftlichen Standpunkt aus betrachtet, ist das Anthropozän weder gut noch schlecht; es ist schlichtweg eine beobachtbare Realität. Aber es sollte auch klar sein, dass das Anthropozän noch nicht abgeschlossen ist. Wie andere Epochen der geologischen Zeit dauert es vielleicht Millionen Jahre – mit oder ohne uns. Bessere und schlechtere »Anthropozäne« sind echte Möglichkeiten, je nachdem, wie sich menschliche Gesellschaften heute und in Zukunft verhalten. Außerdem existieren bereits bessere und schlechtere »Anthropozäne«, je nachdem, wie man das »Zeitalter der Menschen« erlebt und interpretiert. So leben Sie vielleicht auf einer tief liegenden Insel oder sind das letzte Mitglieder einer Spezies, die vor der Auslöschung steht.

Sich ein gutes Anthropozän vorzustellen ist von Haus aus ein prometheischer Akt. Aber es gibt so viele Facetten dieses Prometheisch-Seins. Schellnhuber und Crutzen dachten an einen technokratischen Prometheus, der geleitet wird durch eine von Weisheit durchdrungene »Sphäre menschlichen Denkens«, die Noosphäre, die ihre beispiellosen globalen Kräfte dazu nutzen würde, die Umweltschäden wiedergutzumachen, die die Menschheit angerichtet hatte, und eine bessere planetare Zukunft zu bauen, die vielleicht Millionen Jahre dauern würde. Für andere Prometheer bringt vielleicht ein bescheideneres Leben die Wende – die Menschheit könnte lernen, ein gutes Leben zu führen, ohne die Erde zu verändern, sodass das Anthropozän bald enden würde. Zwischen Technokratie und Ökotopia und weit darüber hinaus sind noch viele andere »Anthropozäne« denkbar – vom Business as usual bis zu einer planetaren Gesellschaft, die von Robotern mit künstlicher Intelligenz gelenkt wird. Doch es bleibt die Frage: Sind menschliche Gesellschaft überhaupt in der Lage, sich so zu verändern, dass es nicht zu einer baldigen Umweltkatastrophe kommt?

Um sich ein gutes Anthropozän vorstellen zu können, ist es zunächst einmal notwendig, den Blick darauf zu richten, dass wir bereits für eine bessere Zukunft gesorgt haben. Paul Ehrlich war nicht verrückt, als er große Hungersnöte für die 1970er-Jahre prophezeite; die Bevölkerungszahlen stiegen exponentiell, und ein Ende war nicht in Sicht. Doch die Wachstumsrate der Weltbevölkerung nimmt seit Jahrzehnten ab, und es werden pro Kopf mehr Nahrungsmittel produziert, ohne dass die agrarische Landnutzung weltweit zunimmt (Abbildung 44). Die Menschen leben im Durchschnitt länger, sind gesünder, erfahren weniger Gewalt, haben eine bessere Bildung und Chancen, wie ihre Vorfahren sie sich nicht hätten vorstellen können. Es ist nicht nur möglich, dass sich das Wachstum der Bevölkerung auf einem Niveau einpendelt, wir weniger Land nutzen und besser leben. All dies geschieht bereits.

Hoffnungen auf einen technokratischen Prometheus sind mehr als nur Luftschlösser. Das Montreal-Protokoll hat tat-

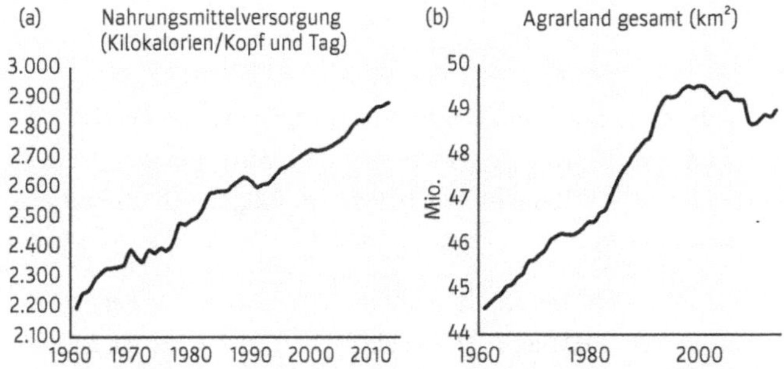

Abbildung 44 | (a) Nahrungsmittelversorgung weltweit und (b) gesamte agrarische Landnutzung.

sächlich die Ozonschicht der Erde gerettet. Es gibt eine lange Liste gesellschaftlicher Maßnahmen, die eine Umweltkatastrophe verhindert haben, vom Verbot von DDT und anderer Schadstoffe bis hin zu Gesetzen, die gefährdete Arten schützen und dazu beigetragen haben, sie vor dem Aussterben zu bewahren. Die steigende Anzahl von Naturschutzgebieten, zunehmende Investitionen in karbonneutrale Energiesysteme und Technologien von der Solarenergie bis hin zum Elektroauto sowie Umweltzertifizierungen – all das bietet Aussicht auf eine bessere planetare Zukunft. Future Earth investiert sogar in ein Projekt namens »Seeds of a Good Anthropocene« sowie in eine Zeitschrift mit dem Namen *Anthropocene*, um soziale und ökologische Innovationen ausfindig zu machen und zu fördern, die vielleicht zu einem guten Anthropozän führen könnten. Die Chancen auf ein besseres Anthropozän als das gegenwärtige sind durchaus vorhanden.

Es werde Licht

Im Jahr 2014 wurde der Begriff »Anthropocene« in das *Oxford English Dictionary* aufgenommen und wird von der freien Enzyklopädie Wikipedia beispielsweise folgendermaßen definiert:

> »Der Ausdruck Anthropozän (altgriechisch ἄνθρωπος *ánthropos*, zu Deutsch: ›Mensch‹ und καινός ›neu‹) ist ein Vorschlag zur Benennung einer neuen geochronologischen Epoche: nämlich des Zeitalters, in dem der Mensch zu einem der wichtigsten Einflussfaktoren auf die biologischen, geologischen und atmosphärischen Prozesse auf der Erde geworden ist.«

Das Anthropozän hat also Eingang gefunden in unsere Lexika und die akademische Welt. Viele Wissenschaftsjournale führen das Wort mittlerweile in ihrem Titel.

Bedeutet ein »Zeitalter des Menschen« das Ende der Natur? Haben wir ein Monster geschaffen? Dazu schreibt der Wissenschaftshistoriker Bruno Latour:

> »Dr. Frankensteins Verbrechen bestand nicht darin, in einer Kombination aus Hybris und Hochtechnologie eine Kreatur erfunden zu haben, sondern vielmehr darin, dass er diese Kreatur sich selbst überließ.«

Dies ist nicht das Ende der Erde oder der Menschheitsgeschichte. Die Bedingungen auf der Erde werden wahrscheinlich noch für eine weitere Milliarde Jahre Leben ermöglichen. Unsere Spezies wird dann wie die meisten anderen ausgestorben sein. Im Rückblick aus einer fernen Zukunft könnte ein

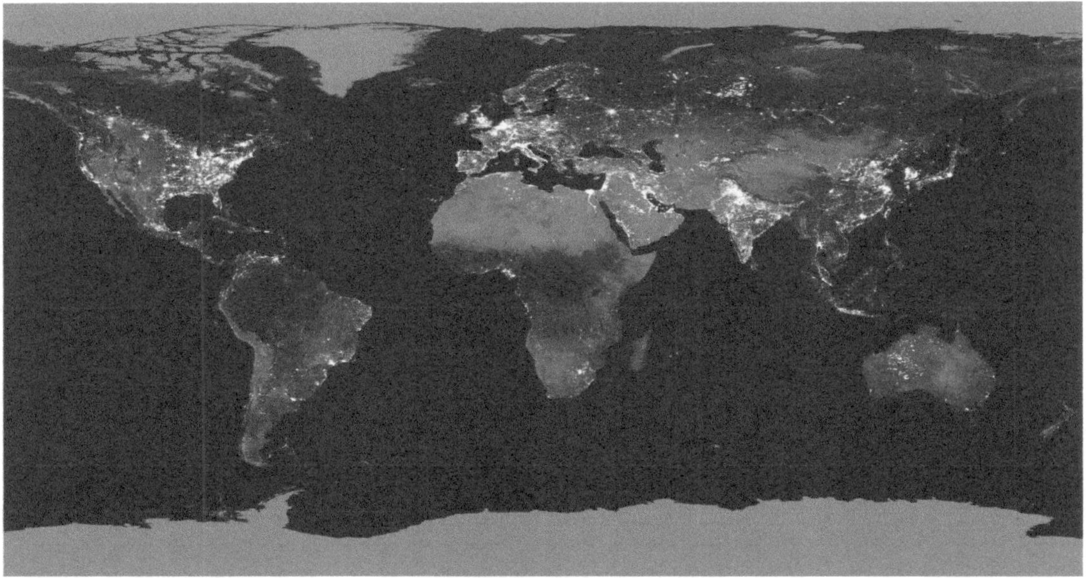

Abbildung 45 | Die Erde bei Nacht. Nächtliche Außenbeleuchtung, eingefangen von einem NASA-Satelliten im All.

neugieriges Wesen vielleicht einen Planeten entdecken, der ständig von einem anderen transformiert wurde.

In einer Zeit, in der wir die Welt, wie wir sie kennen, verändern, müssen wir auch die Art und Weise verändern, wie wir sie wahrnehmen. Das Anthropozän fordert uns dazu auf, über unser persönliches Leben hinauszuschauen. Wir müssen uns die Vorgänge innerhalb des Gesamtökosystems Erde anschauen und seine Veränderungen über Zeiträume, die unendlich viel länger sind als diejenigen, in denen wir bislang denken. Deshalb wären umfassendere Anstrengungen nötig, die Bildung durch die Brille der Big History, also der Geschichte vom Urknall bis zur Gegenwart, zu betrachten und neu zu gestalten; wir sollten ein Curriculum entwerfen, das historische Prozesse und Ereignisse vom Big Bang bis zur Gegenwart und in die Zukunft hinein miteinander verbindet. Das öffnet uns für ein Vorausdenken in die Tiefen der Zeit wie im Long Now Project von Stewart Brands und Danny Hillis, in dem eine Uhr entsteht, die 10.000 Jahre laufen soll und daher fünfstellige Jahreszahlen verlangt, beispielsweise 02020.

Carl Sagan riet uns in seinem Buch *Blauer Punkt im All. Unsere Heimat*: »Die Visionen, die wir unseren Kindern bieten, formen die Zukunft. Es *zählt*, welche Visionen das sind. Oft werden sie zu sich selbst erfüllenden Prophezeiungen. Träume sind Landkarten.«

Schauen wir uns den »blauen Punkt im All« genauer an. Beachten Sie, dass seine dunkle Seite jetzt hell in der Nacht leuchtet. Sie leuchtet nicht, weil irgendwer das je beabsichtigt hätte. Aber sie leuchtet durch das Licht zahlloser menschlicher Bemühungen, zusammengeschnürt über Generationen und die ganze Welt; aufkeimend, gemeinschaftlich, unabsichtlich. Bis zum jetzigen Zeitpunkt »geschah« das Anthropozän, während wir mit unseren Plänen beschäftigt waren. Es ist unfertig.

Das Anthropozän zeigt uns, dass Menschen zusammengenommen eine Kraft der Natur sind. Auf dem Weg nach vorn existieren bessere und schlechtere Anthropozäne. Die Geschichte des Anthropozän hat gerade erst angefangen. Es ist noch Zeit, eine Zukunft zu gestalten, in der die Menschen und die nicht menschliche Natur für Jahrtausende gedeihen. Jeder von uns hat noch die Chance, eine bessere Zukunft in die bleibenden Zeugnisse der Erdgeschichte im Gestein einzuschreiben.

Dank

Ohne die Unterstützung meiner Frau Ariane de Bremond hätte ich dieses Buch nicht schreiben können. Mein Vater Robert Ellis ermutigte mich zu diesem Werk, und meine Kinder Ryan und Amaia regten mich immer wieder dazu an. Dank schulde ich Matthew Edgeworth, Martin Head, Peter Kareiva, Laura Martin, John McNeill, Will Steffen, Chris Thomas, Zev Trachtenberg und Alex Wolfe für die Durchsicht einzelner Kapitel und die unschätzbaren Verbesserungsvorschläge. Diskussionen mit und Ratschläge von Mark Maslin, Tim Lenton und Andrew Bauer brachten die Sache voran, außerdem halfen sie bei der Prüfung meiner Texte, und Jared Margulies, Adam Dixon und Jason Chang gaben mir nützliche Rückmeldungen. Meine Kollegen in der Anthropocene Working Group of the Subcommission of Quaternary Stratigraphy (innerhalb der International Commission on Stratigraphy) haben in vielerlei Hinsicht mein Denken beeinflusst. Ihnen allen gilt mein Dank, insbesondere Jan Zalasiewicz, Colin Waters und Mark Williams, die sich um mein Wohlbefinden bemühten, obwohl meine Ansichten zur Einführung eines Anthropozän in die geologische Zeitskala vom allgemeinen Konsens abwich. Latha Menon verdanke ich wertvollste redaktionelle Ratschläge, und Jenny Nugee sorgte dafür, dass alles ordnungsgemäß ablief. Dieses Buch entstand in einem Freisemester an der University of Maryland, Baltimore County, mit Mitteln des Centre for Development and Environment an der Universität Bern. Ich bin beiden dankbar für ihre Unterstützung.

Chronologie

Möglicher Beginn eines Anthropozän mit vorgeschlagenem GSSP-Marker (hervorgehoben)

Ereignis	Zeit/Datum	Stratigraphische Marker
Steinwerkzeuge	Vor 3,2 Mio. bis 2,5 Mio. J.	Steinartefakte
Beherrschung des Feuers	vor 1,6 bis 200.000 J.	Holzkohle
Anatomisch moderner *Homo sapiens*	bis vor ~300.000 J.	Knochen
Verhaltensmoderner *Homo sapiens*	vor 110.000 bis 60.000 J.	Ansammlungen komplexer Artefakte, symbolische Zeichen, weiterentwickelte Werkzeuge etc.
Großfaunaauslöschung	vor 50.000 bis 10.000 J.	Knochen, menschliche Artefakte, Holzkohle
Keramik	vor 30.000 bis 15.000 J.	Tonminerale
Anfänge der Landwirtschaft	vor ~11.000 J.	Pollen (domestizierte und Unkrautarten), Phytolithe, Tierknochen, Holzkohle
Extensive Landwirtschaft	vor ~11.000 bis 6.000 J.	**~8.000 J. vor heute, CO_2-Minima in Gletschereis**, Pollen (domestizierte und Unkrautarten), Phytolithe, Tierknochen, Holzkohle
Reisanbau, Methan von Wiederkäuern	vor ~6.000 bis 3.000 J.	**5.020 J. vor heute, CH_4-Minima in Gletschereis**, Tierknochen, Reisböden, Pollen, Phytolithe
Bronzezeit	vor ~5.000 bis 3.000 J.	Artefakte aus Metall, Bergbau, Umweltverschmutzung, Zeugnisse von Entwaldung

Ereignis	Zeit/Datum	Stratigraphische Marker
Biotische Homogenisierung (Homogozän/ Homogenozän)	vor ~5.000 bis 500 J.	Pollen, Phytolithe, Tierknochen
Eisenzeit	vor ~3.000 bis 1.000 J.	Artefakte aus Eisen, Bergbau, Umweltverschmutzung, Zeugnisse von Entwaldung
Anthropogene Böden	vor ~3.000 bis 500 J.	Organische Bodensubstanz, Phosphoranhäufung, Isotopenverhältnisse, Pollen
Kapitalismus (Kapitalozän)	bis ~1450	Kein Vorschlag
Kolumbus-Effekt (Orbis)	1492 bis 1610	**1610 CO_2-Minima in Gletschereis**, Pollen, Phytolithe, Knochen, Holzkohle
Industrielle Revolution (Karbozän)	1760 bis 1800	Flugasche von Kohleverbrennung, Kohlenstoff- und Sauerstoff-Isotopenverhältnisse, Kieselalgenzusammensetzung in Seen, CO_2 in Gletschereis
Die Große Beschleunigung	1945 bis 1964	**Radionuklide (1964 ^{14}C & ^{239}Pu-Peak)**, schwarzer Kohlenstoff, Plastik, Schadstoffe, andere Isotope

Zum Teil beruhend auf Simon L. Lewis und Mark A. Maslin, »Defining the Anthropocene«, Nature 519/7542 (2015), S. 171–180.

Verzeichnis der Abbildungen

Verwendete Literatur

Kapitel 1: **Ursprünge**

Kolbert, Elizabeth, »Enter the Anthropocene Age of Man«, *National Geographic*, 219/3 (2011), S. 60–85.

Crutzen, P. J., und Stoermer, E. F., »The ›Anthropocene‹«, *IGBP Newsletter*, 41 (2000), S. 17–18.

Revkin, A. C., *Global Warming: Understanding the Forecast* (New York: Abbeville Press, Incorporated, 1992), S. 180.

Burchfield, Joe D., »The Age of the Earth and the Invention of Geological Time«, *Geological Society, London, Special Publications*, 143/1 (Januar 1998), S. 137–43.

Arrhenius, Svante, »On the Influence of Carbonic Acid in the Air upon the Temperature of the Ground«, *Philosophical Magazine*, 41 (1896), S. 237–276.

Report des Environmental Pollution Panel, President's Science Advisory Committee, »Restoring the Quality of our Environment« (Washington, DC: The White House, 1965).

Kapitel 2: **Das Erdsystem**

Steffen, Will, Crutzen, Paul J., und McNeill, John R., »The Anthropocene: Are Humans Now Overwhelming the Great Forces of Nature«, *AMBIO: A Journal of the Human Environment*, 36 (2007), S. 614–621.

NASA Advisory Council. Earth System Sciences Committee, *Earth System Science Overview: A Program for Global Change* (Washington, DC: National Aeronautics and Space Administration, 1986), S. 48.

Schellnhuber, H. J., »›Earth System‹ Analysis and the Second Copernican Revolution«, *Nature*, 402 (1999), S. C19–C23.

Moore III, Berrien, et al., »The Amsterdam Declaration on Global Change«, in: Will Steffen et al. (eds), *Challenges of a Changing Earth: Proceedings of the Global Change Open Science Conference, Amsterdam, The Netherlands, 10–13 July 2001* (New York: Springer, 2001), S. 207–208.

Kapitel 3: **Die geologische Zeitskala**

Zalasiewicz, Jan, et al., »Are we Now Living in the Anthropocene?«, *GSA Today*, 18 (1. Februar 2008), S. 4–8.

Remane, Jurgen, et al., »Revised Guidelines for the Establishment of Global Chronostratigraphic Standards by the International Commission on Stratigraphy (ICS)«, *Episodes*, 19/3 (1996), S. 77–81.

International Commission on Stratigraphy, »Statutes of the International Commission on Stratigraphy, Ratified by IUGS in February, 2002« (International Commission on Stratigraphy, 2002).

Head, Martin J., und Gibbard, Philip L., »Formal Subdivision of the Quaternary System/Period: Past, Present, and Future«, *Quaternary International*, 383 (5. Oktober 2015), S. 4–35.

Gibbard, Philip L., und Lewin, John, »Partitioning the Quaternary«, *Quaternary Science Reviews*, 151 (1. November 2016), S. 127–139.

Anthropocene Working Group of the Subcommission on Quaternary Stratigraphy (International Commission on Stratigraphy) *»Newsletter«*, No. 1 (2009). Online: https://quaternary.stratigraphy. org/workinggroups/anthropocene/.

Zalasiewicz, Jan, Crutzen, P. J., und Steffen, W., »The Anthropocene«, in: F. M. Gradstein et al. (eds), *The Geologic Time Scale 2012 2-Volume Set* (Oxford: Elsevier Science, 2012), S. 1033–1040.

Waters, C. N., et al. (eds), *A Stratigraphical Basis for the Anthropocene* (Geological Society of London Special Publications, Volume 395: Geological Society of London, 2014), S. 321.

Ruddiman, William F., »The Anthropogenic Greenhouse Era Began Thousands of Years Ago«, *Climatic Change*, 61 (2003), S. 261–293.

Zalasiewicz, Jan, et al., »When Did the Anthropocene Begin? A Mid-Twentieth Century Boundary Level is Stratigraphically Optimal«, *Quaternary International*, 383 (2015), S. 196–203.

Kapitel 4: **Die Große Beschleunigung**

Steffen, W., et al., *Global Change and the Earth System: A Planet Under Pressure* (1st edn, Global Change – The IGBP Series; Berlin: Springer-Verlag, 2004), S. 332.

Steffen, Will, et al., »The Anthropocene: Conceptual and Historical Perspectives«, *Philosophical Transactions of the Royal Society A: Mathematical, Physical and Engineering Sciences*, 369 (13. März 2011), S. 842–867.

Ellis, Erle C., et al., »Anthropogenic Transformation of the Biomes, 1700 to 2000«, *Global Ecology and Biogeography*, 19 (2010), S. 589–606.

Smil, Vaclav, *The Earth's Biosphere: Evolution, Dynamics, and Change* (Cambridge, Mass.: MIT Press, 2003), S. 356.

Vörösmarty, Charles J., und Sahagian, Dork, »Anthropogenic Disturbance of the Terrestrial Water Cycle«, *Bioscience*, 50 (2000), S. 753–765.

Vitousek, Peter M., und Matson, Pamela A., »Agriculture, the Global Nitrogen Cycle, and Trace Gas Flux«, in: Ronald S. Oremland (ed.), *Biogeochemistry of Global Change: Radiatively Active Trace Gases. Selected Papers from the Tenth International Symposium on Environmental Biogeochemistry*, San Francisco, 19. – 24. August 1991 (Boston: Springer US, 1993), S. 193–208.

Stocker, Thomas F., et al. (eds), *Climate Change 2013: The Physical Science Basis: A Report of Working Group I of the Intergovernmental Panel on Climate Change* (Cambridge: Cambridge University Press, 2013).

Steffen, Will, et al., »Stratigraphic and Earth System Approaches to Defining the Anthropocene«, *Earth's Future*, 4 (2016), S. 324–345.

Waters, Colin N., et al., »The Anthropocene is Functionally and Stratigraphically Distinct from the Holocene«, *Science*, 351/6269 (8. Januar 2016), aad2622.

Kapitel 5: **Anthropos**

Smith, Bruce D., und Zeder, Melinda A., »The Onset of the Anthropocene«, *Anthropocene*, 4 (2013), S. 8–13.

Marean, Curtis W., »An Evolutionary Anthropological Perspective on Modern Human Origins«, *Annual Review of Anthropology*, 44/1 (2015), S. 533–556.

Nielsen, Rasmus, et al., »Tracing the Peopling of the World through Genomics«, Nature, 541/7637 (2017), S. 302–310.

Ellis, Erle C., et al., »Used Planet: A Global History«, *Proceedings of the National Academy of Sciences*, 110 (14. Mai 2013), S. 7978–7985.

Ruddiman, W. F., et al., »Late Holocene Climate: Natural or Anthropogenic?«, *Reviews of Geophysics*, 54/1 (2016), S. 93–118.

Fuller, Dorian Q., et al., »The Contribution of Rice Agriculture and Livestock Pastoralism to Prehistoric Methane Levels: An Archaeological Assessment», *The Holocene*, 21 (2011), S. 743–759.

Boivin, Nicole L., et al., »Ecological Consequences of Human Niche Construction: Examining Long-Term Anthropogenic Shaping of Global Species Distributions«, *Proceedings of the National Academy of Sciences*, 113/23 (6. Juni 2016), S. 6388–6396.

Lewis, Simon L., und Maslin, Mark A., »Defining the Anthropocene«, *Nature*, 519/7542 (2015), S. 171–180.

Edgeworth, Matt, et al., »Diachronous Beginnings of the Anthropocene: The Lower Bounding Surface of Anthropogenic Deposits«, *The Anthropocene Review*, 2/1 (8. Januar 2015), S. 33–58.

Ruddiman, William F., et al., »Defining the Epoch we Live in: Is a Formally Designated ›Anthropocene‹ a Good Idea?«, *Science*, 348/6230 (2015), S. 38–39.

Kapitel 6: **Oikos**

Kareiva, Peter, Lalasz, Robert, und Marvier, Michelle, »Conservation in the Anthropocene«, *Breakthrough Journal*, 2 (2011), S. 26–36.

Comte De Buffon, Georges-Louis Leclerc, *Histoire naturelle générale et particulière: supplement 5: des époques de la nature* (Paris: Imprimerie Royale, 1778). From: Trischler, Helmuth, »The Anthropocene: A Challenge for the History of Science, Technology, and the Environment«, *NTM Zeitschrift für Geschichte der Wissenschaften, Technik und Medizin*, 24/3 (2016), S. 309–335.

Vitousek, P. M., et al., »Human Domination of Earth's Ecosystems«, Science, 277 (1997), S. 494–499.

Denevan, W. M., »The Pristine Myth: The Landscape of the Americas in 1492«, *Annals of the Association of American Geographers*, 82 (September 1992), S. 369–385.

Ekdahl, Erik J., et al., »Prehistorical Record of Cultural Eutrophication from Crawford Lake, Canada«, *Geology*, 32/9 (1. September 2004), S. 745–748.

Zalasiewicz, Jan, et al., »Making the Case for a Formal Anthropocene Epoch: An Analysis of Ongoing Critiques«, *Newsletters on Stratigraphy*, 50/2 (2017), S. 205–226.

Ceballos, Gerardo, et al., »Accelerated Modern Human-Induced Species Losses: Entering the Sixth Mass Extinction«, *Science Advances*, 1/5 (2015).

Elton, Charles S., *The Ecology of Invasions by Animals and Plants* (London: Butler and Tanner Ltd, 1958), S. 181.

Vitousek, Peter M., et al., »Human Appropriation of the Products of Photosynthesis«, *BioScience*, 36 (1986), S. 368–373.

Berkes, F., und Folke, C. (eds), *Linking Social and Ecological Systems: Management Practices and Social Mechanisms for Building Resilience* (Cambridge: Cambridge University Press, 1998), S. 459.

Sanderson, E. W., et al., »The Human Footprint and the Last of the Wild«, *BioScience*, 52 (2002), S. 891–904.

Ellis, Erle C., und Ramankutty, Navin, »Putting People in the Map: Anthropogenic Biomes of the World«, *Frontiers in Ecology and the Environment*, 6 (2008), S. 439–447.

Rockstrom, Johan, et al., »A Safe Operating Space for Humanity«, *Nature*, 461 (2009), S. 472–475.

Kapitel 7: **Politikos**

Chakrabarty, Dipesh, »The Climate of History: Four Theses«, *Critical Inquiry*, 35 (2009), S. 197–222.

Crist, Eileen, »On the Poverty of our Nomenclature«, *Environmental Humanities*, 3/1 (1. Januar 2013), S. 129–147.

Finney, Stanley C., und Edwards, Lucy E., »The ›Anthropocene‹ Epoch: Scientific Decision or Political Statement?«, *GSA Today*, 26/3–4 (2016), S. 4–10.

Wilson, E. O., *Half-Earth: Our Planet's Fight for Life* (New York: Liveright, 2016), S. 256.

Caro, T. I. M., et al., »Conservation in the Anthropocene«, *Conservation Biology*, 26/1 (2011), S. 185–188.

Hamilton, Clive, »The Theodicy of the ›Good Anthropocene‹«, *Environmental Humanities*, 7 (2015), S. 233–238.

Swyngedouw, Erik, »Apocalypse Now! Fear and Doomsday Pleasures«, *Capitalism Nature Socialism*, 24/1 (2013), S. 9–18.

Scourse, James, »Enough ›Anthropocene‹ Nonsense: We Already Know the World is in Crisis«, *The Conversation* (14. Januar 2016). http://theconversation.com/enough-anthropocene-nonsense-wealready-know-the-world-is-in-crisis-43082.

Boden, T. A., Marland, G., und Andres, R. J., *Global, Regional, and National Fossil-Fuel CO_2 Emissions* (2017). Carbon Dioxide Information Analysis Center, Oak Ridge National Laboratory, US Department of Energy (Oak Ridge, Tenn., U.S.A. doi 10.3334/CDIAC/00001_V2017).

Malm, Andreas, und Hornborg, Alf, »The Geology of Mankind? A Critique of the Anthropocene Narrative« *The Anthropocene Review*, 1/1 (1. April 2014), S. 62–69.

Moore, J. W., *Capitalism in the Web of Life: Ecology and the Accumulation of Capital* (New York: Verso Books, 2015).

Klein, Naomi, »Let Them Drown: The Violence of Othering in a Warming World«, *London Review of Books*, 38/11 (2016), S. 11–14.

Biermann, Frank, »The Anthropocene: A Governance Perspective«, *The Anthropocene Review*, 1 (1. April 2014), S. 57–61.

Heise, Ursula K., »Terraforming for Urbanists«, *Novel*, 49/1 (1. Mai 2016), S. 10–25.

Kapitel 8: **Prometheus**

Editorial, »The Human Epoch«, *Nature*, 473/7347 (05/19/print 2011), S. 254–254.

Zalasiewicz, Jan, et al., »The Anthropocene: A New Epoch of Geological Time?«, *Philosophical Transactions of the Royal Society A: Mathematical, Physical and Engineering Sciences*, 369 (13. März 2011), S. 835–841.

Zalasiewicz, Jan, et al., »The Working Group on the Anthropocene: Summary of Evidence and Interim Recommendations«, *Anthropocene* (2017). https://doi.org/10.1016/j.ancene.2017.09.001.

Hazen, Robert M., et al., »On the Mineralogy of the ›Anthropocene Epoch‹«, *American Mineralogist*, 102/3 (2017), S. 595–611.

Zalasiewicz, Jan, et al., »Scale and Diversity of the Physical Technosphere: A Geological Perspective«, *The Anthropocene Review*, 4/1 (28. November 2016), S. 9–22.

Van Der Pluijm, Ben, »Hello Anthropocene, Goodbye Holocene«, *Earth's Future*, 2/10 (2014), 566–568.

Gaffney, Owen, und Steffen, Will, »The Anthropocene Equation«, *The Anthropocene Review* (2017).

Crutzen, Paul J., »A Critical Analysis of the Gaia Hypothesis as a Model for Climate/Biosphere Interactions«, *Gaia*, 11/2 (2002), S. 96–103.

Jones, Nicola, »Solar Geoengineering: Weighing Costs of Blocking the Sun's Rays«, *Yale Environment 360* (2014) (http://e360.yale.edu/features/solar_geoengineering_weighing_costs_of_blocking_the_suns_rays).

Bernhardt, Emily S., Rosi, Emma J., und Gessner, Mark O., »Synthetic Chemicals as Agents of Global Change«, *Frontiers in Ecology and the Environment*, 15/2 (2017), S. 84–90.

Caldeira, Ken, und Wickett, Michael E., »Oceanography: Anthropogenic Carbon and Ocean pH«, Nature, 425/6956 (2003), S. 365.

Zalasiewicz, Jan, et al., »The Geological Cycle of Plastics and their Use as a Stratigraphic Indicator of the Anthropocene«, *Anthropocene*, 13 (2016), S. 4–17.

Bennett, E. M., et al., »Bright Spots: Seeds of a Good Anthropocene«, Frontiers in Ecology and the Environment, 14/8 (2016), S. 441–448.

Latour, Bruno, »Love your Monsters«, *Breakthrough Journal*, 2 (Herbst 2011), S. 21–28.

Sagan, Carl, *Pale Blue Dot: A Vision of the Human Future in Space* (New York: Random House, 1994), S. 384.

Weiterführende Literatur

Kapitel 1: **Ursprünge**

Carson, Rachel, *Silent Spring* (Houghton Mifflin, 1962), S. 368.

Leddra, M., *Time Matters: Geology's Legacy to Scientific Thought* (Wiley, 2010).

Mckibben, Bill, *The End of Nature* (Random House, 1989), S. 226.

Marsh, George Perkins, *Man and Nature: or, Physical Geography as Modified by Human Action* (Scribner, 1865).

Schwägerl, Christian, und Crutzen, P. J., *The Anthropocene: The Human Era and How It Shapes our Planet* (Synergetic Press, 2014), S. 248.

Kapitel 2: **Das Erdsystem**

Lenton, Tim, und Watson, Andrew, *Revolutions that Made the Earth* (Oxford University Press, 2011).

Lovelock, J., Gaia: *A New Look at Life on Earth* (Oxford University Press, 1979).

Vernadsky, Vladimir I., *Biosphere: Complete Annotated Edition* (Copernicus Books (Springer Verlag), 1998).

Kapitel 3: **Die geologische Zeitskala**

Gradstein, Felix M., Ogg, James George, und Schmitz, Mark (eds), *The Geologic Time Scale 2012, 2-volume set* (Elsevier, 2012).

Ogg, J. G., Ogg, G., und Gradstein, F. M., *A Concise Geologic Time Scale: 2016* (Elsevier Science, 2016).

Zalasiewicz, Jan, *The Earth After Us: What Legacy Will Humans Leave in the Rocks?* (Oxford University Press, 2008), S. 272.

Listen der GSSP (online):

International Commission on Stratigraphy: www.stratigraphy.org/index.php/ics-gssps

Wikipedia: https://en.wikipedia.org/wiki/List_of_Global_Boundary_Stratotype_Sections_and_Points.

Kapitel 4: **Die Große Beschleunigung**

McNeill, John Robert, *Something New Under the Sun: An Environmental History of the Twentieth-Century World* (W. W. Norton & Company, 2001).

McNeill, J. R., und Engelke, P., *The Great Acceleration* (Harvard University Press, 2016), 288.

Steffen, W., et al., *Global Change and the Earth System: A Planet Under Pressure* (1st edn, Global Change: The IGBP Series; Springer-Verlag, 2004).

Kapitel 5: **Anthropos**

Henrich, J., *The Secret of our Success: How Culture Is Driving Human Evolution, Domesticating our Species, and Making Us Smarter* (Princeton University Press, 2015).

Mann, Charles C., 1491: *New Revelations of the Americas Before Columbus* (Knopf, 2005).

Ruddiman, William E., Plows, Plagues, and Petroleum: *How Humans Took Control of Climate* (Princeton University Press, 2005), S. 224.

Kapitel 6: **Oikos**

Cohen, Joel E., *How Many People Can the Earth Support?* (W. W. Norton, 1995), S. 352.

Kareiva, Peter, und Marvier, Michelle, *Conservation Science: Balancing the Needs of People and Nature* (Roberts and Company, 2011), S. 576.

Kolbert, E., *The Sixth Extinction: An Unnatural History* (Bloomsbury, 2014), S. 319.

Marris, Emma, *Rambunctious Garden: Saving Nature in a Post-Wild World* (Bloomsbury USA, 2011), S. 224.

Thomas, Chris D., *Inheritors of the Earth: How Nature Is Thriving in an Age of Extinction* (Penguin, 2017), S. 320.

Kapitel 7: **Politikos**

Bonneuil, C., und Fressoz, J. B., *The Shock of the Anthropocene: The Earth, History and Us* (Verso Books, 2016), S. 306.

Davis, Heather, und Turpin, Étienne, *Art in the Anthropocene: Encounters Among Aesthetics, Politics, Environments and Epistemologies* (Open Humanities Press, 2015), S. 416.

Haraway, D. J., *Staying with the Trouble: Making Kin in the Chthulucene* (Experimental Futures: Duke University Press, 2016), S. 312.

Moore, J., et al., *Anthropocene or Capitalocene? Nature, History, and the Crisis of Capitalism* (PM Press, 2016), S. 240.

Oreskes, Naomi, und Conway, Erik M., *Merchants of Doubt: How a Handful of Scientists Obscured the Truth on Issues from Tobacco Smoke to Global Warming* (Bloomsbury Publishing, 2011), S. 368.

Purdy, J., *After Nature: A Politics for the Anthropocene* (Harvard University Press, 2015), S. 336.

»Anthropocene Curriculum«, Haus der Kulturen der Welt (HKW): www.anthropocenecurriculum.org/.

Kapitel 8: **Prometheus**

Brand, Stewart, *Whole Earth Discipline: An Ecopragmatist Manifesto* (Viking Penguin, 2009), S. 325.

Christian, David, und McNeill, W. H., *Maps of Time: An Introduction to Big History* (University of California Press, 2004), S. 667.

Defries, Ruth, *The Big Ratchet: How Humanity Thrives in the Face of Natural Crisis* (Basic Books, 2014), S. 273.

Grinspoon, David, *Earth in Human Hands: Shaping our Planet's Future* (Grand Central Publishing, 2016).

Morton, Oliver, *The Planet Remade: How Geoengineering Could Change the World* (Princeton University Press, 2015).

Pinker, Stephen, *The Better Angels of our Nature: Why Violence Has Declined* (Penguin Publishing Group, 2011), S. 832.

Shellenberger, Michael, und Nordhaus, Ted (eds), *Love your Monsters: Postenvironmentalism and the Anthropocene* (Breakthrough Institute, 2011), S. 102.

Online

Future Earth's Anthropocene Magazine: www.anthropocenemagazine.org/.

Our World in Data: https://ourworldindata.org/.

The Long Now Foundation: http://longnow.org/.

Anthropocene Journals

The Anthropocene Review: http://journals.sagepub.com/home/anr.

Anthropocene: www.journals.elsevier.com/anthropocene/.

Elementa: Science of the Anthropocene: www.elementascience.org/.

Register